後悔しないコツ

心がいつも前を向く95のことば

植西 聰

自由国民社

まえがき

人は、自分がやったこと、自分が判断したことを、後になって悔《く》やむことがよくあります。

「あんなことしなければよかった」

「どうして、あんな愚かなことを考えてしまったのか」

といった具合です。

何かを後悔することは、それ自体は悪いことではありません。

後悔することで自分の言動を反省し、その経験を良い意味で生かして自分の成長に結びつけていけば、後悔するということは決して悪いことではないのです。

しかし、その後悔の念にいつまでも心をとらわれ、後悔を長く引きずってしまうのには問題があります。

後悔という感情は、心のエネルギーを奪っていきます。

前向きに生きる意欲をどんどん奪っていきます。

ですから、いつまでも後悔の念に心を奪われていると、元気がなくなって、表情が暗くなり、そして悲観的なことばかり考えてしまうようになるのです。

そうならないためには、**後悔することがあっても、どこかでその後悔の感情を上手に吹っ切っていくことが大切になります。**

その際に、**もっとも大切なことは、自分の過去の判断や行動をあまり否定的に考えないことだと思います。**

後悔を引きずってしまう人は、「私はバカだった」「私は愚かなことをした」と、往々にして、自分自身に対して否定的なことを考えてしまいがちです。

そして、自分がしたこと、言ったことを「なかったこと」にしてしまいたいと考えます。

しかし、自分が既にしてしまったこと、言ってしまったことを消し去ることは不可能なのです。

したがって、もしそうならば、「なかったこと」にしてしまおうと考えるのではなく、それをある意味肯定的にとらえ直すほうがいいと思います。つまり、

「あの時、私は、最善のことをしたのだ」
「あの状況の中では、あれは正しい判断だった」

と考えてみるのです。

そのように肯定的にとらえ直すことができれば、「私はバカだ。愚かだった」と自分を否定してしまうこともなくなります。

自分への信頼感を失うことなく、反省すべきことは反省し、それを良い経験として次のチャンスに生かしていけるようになるのです。

そのように物事を肯定的に楽天的に考えることができる人は、「後悔する」という経験をきっかけに人間的に成長していくことができます。

しかし、後悔を長く引きずってしまう人には、そのような人間的成長が望めないのです。

本書では、そのような**「後悔の吹っ切り方」**を様々な角度からアドバイスしています。参考になる点が一つでも二つでもあれば幸いです。

著者

目次

第2章 「その時点では最善だった」と考えてみる 37

第3章　「やらない後悔」より「やった後悔」がいい　61

第4章　自分らしく生きる人は、後悔しない　83

第6章 「今」という時間を大切にして生きていく 131

第8章　やるべきことに全力を尽くす　177

第9章　人は何度でも、人生をやり直せる　201

第1章
何事も「楽天的」に良い面を見ていく

後悔することは、エネルギーの大きな無駄遣いになる

◆いつまでもクヨクヨ後悔しないようにする

人には色々なことで「後悔する」ということがあります。

「こんな会社に入らなければよかった」

「あんな人と結婚しなければよかった」

「どうして、あの時、決断できなかったのだろう」

といった後悔です。

人間は万能な存在ではありません。

したがって、生きていく中で多くの失敗をします。判断ミスもします。誤った行動をすることもあります。

ですから、その度に、「ああしなければよかった。こうすればよかった」と後悔する

ことになるのです。

もちろん、そんなふうにたくさん失敗をしながら生きていく人間にとって、まったく後悔せずに生きていくことは不可能でしょう。

しかしながら、その後悔をいつまでも引きずってしまうのは良いことではありません。

後悔という感情は、生きていくためのエネルギーの大きな無駄遣《むだづか》いになってしまうからです。

後悔することにエネルギーが無駄遣いされてしまうために、大きな夢に向かって前向きに生きていく意欲が出てこなくなります。

身の周りの人と仲良く協力して、みんなと一緒に元気にがんばっていこう、という意欲を失ってしまうのです。

ですから、いつまでも後悔を引きずってしまわないように心がけていくことが大切です。

後悔することがあっても、**いつまでもクヨクヨすることなく、上手に気持ちを切り替えていく**ことが大切なのです。

その後悔が「グッタリするような疲労感」を生み出す

◆楽天的に考えることで、上手に気持ちを切り替える

アメリカの著述家で、人間関係に関する多くの本を書いたデール・カーネギー（19～20世紀）は、**「人の疲労は、必ずしも仕事によって生じたのではなく、悩み、挫折、後悔が原因となっていることが多い」**と述べました。

一生懸命になって努力すれば、もちろん心身共に疲労感をおぼえます。

しかし、それは多くの場合、「心地よい疲労感」だと思います。

「明日も、がんばろう」という前向きな意欲を生み出す良い疲労感です。

一方で、人間には、グッタリするような、やる気をすっかり奪われてしまうような疲労感をおぼえる時もあります。

カーネギーは、そのような「グッタリするような疲労感」は、「悩み、挫折、後悔」

が生み出すことが多い、と言っているのです。

もちろん人間ですから、時には、悩むこともあるでしょう。挫折を経験することによって、後悔することもあると思います。

しかし、そんな悩みや後悔をいつまでも引きずってしまうことは良くない、とカーネギーは指摘しているのです。

なぜなら、そのような悩みや後悔といったネガティブな感情を引きずっていると、心も体もグッタリと疲れ切ってしまって、前向きに元気に生きていくことができなくなってしまうからなのです。

大切なことは、悩んだり後悔することがあっても、上手に気持ちを切り替える、ということです。

では、どうすれば、上手に気持ちを切り替えて、その悩みや後悔を断ち切ればいいのかと言えば、その方法の一つに**「楽天的に考える」**ということが挙げられます。

悩みを深刻に考えすぎることなく、できるだけ楽天的に考えるように心がけるのです。

そうすれば、悩みや後悔を断ち切ることができるのです。

「楽天的」とは、「物事の良い面を意識する」ということである

◆どのようなことにも「良い面」がある

人生を、後悔することなく、明るい気持ちで生きていくためには、**「楽天的に考える」**という習慣を持つことがとても大切です。

「楽天的に考える」とは、言い換えれば、**「物事の良い面を見る」**ということです。

人がなぜ後悔というネガティブな感情を引きずってしまうのかと言えば、その理由の一つは、物事の「悪い面」ばかりに意識を取られてしまうことにあります。

しかし、その悪い面ばかり見る必要はないのです。

あらゆる物事には「良い面」と「悪い面」があります。

言い換えれば、後悔するようなことにも「良い面」があるのです。

その**「良い面」に意識を向けることで、楽天的に物事を考えられるようになります。**

たとえば、次のような事例があります。

ある男性会社員は、郊外に自宅を購入し、家族と共に引っ越しました。郊外のほうが家の価格が安く、また広い家に住めたからです。しかし、そのために会社までの通勤時間が二時間近くかかるようになってしまいました。

彼は、郊外に家を買った後になってから、「通勤時間が長くなって大変だ。こんな思いをするなら、郊外に家を買うんじゃなかった」と後悔することもありました。

しかし、「通勤時間が長くなった」ということにも「良い面がある」と気づいたのです。その一つは、郊外の駅では、まだ電車の乗客が少ないことから、座席に座れる、という点です。また、通勤時間を使って、好きな小説を読んだり、あるいは、ビジネス上の勉強ができる、という点です。

そのような「良い面」に気づいてからというもの、気持ちが楽になった、と言います。つまり、楽天的に考えることができるようになったのです。

このように、たとえ後悔するようなことであっても、必ずどこかに「良い面」があるのです。その「良い面」を見つけ出すことが大切です。

希望通りにならない状況でも、楽天的でいられるコツとは？

◆希望通りにならない状況の中に「良い面」を見つける

ある女性は今は幸せに暮らしているのですが、以前、「後悔することがあった」と言います。

彼女は、ある男性と恋愛結婚しました。

心から愛する男性と結婚し、その男性も彼女のことを心から愛していました。

それは良かったのですが、その男性の収入はあまり多くはなかったのです。

二人で生活していくために必要な収入も十分にはありませんでした。

彼女とすれば、結婚後は専業主婦になりたいという思いがありました。しかし、家庭の収入を補うために、仕事をしなければならなくなってしまったのです。

そのために彼女は、「もっと収入の多い人と結婚するほうがよかったんじゃないか」

と後悔することもしばしばあったと言います。

しかし、彼女は、気持ちを切り替えました。

専業主婦になりたいという希望は叶《かな》わなかったのですが、しかし、「仕事を持って社会で活躍することは、私にとって大きな生きがいになる」「仕事を通して色々なことを経験することは、とてもいい社会勉強になる」というように、結婚後も働くことの「良い面」を見つけて、それを意識するように心がけたのです。

その結果、気持ちが楽になって、今後の生活についても楽天的に前向きに考えられるようになったのです。

人生には、なかなか自分の希望通りにならないことが多くあるものです。

そのような事態に直面した時、自分の決断や行動を後悔することにもなるかもしれません。

しかし、そんな**「希望通りにならない状況」にも必ず「良い面」がある**のです。それを見つけ出してみることが、後悔から抜け出すコツの一つです。

バラのトゲは見ずに、「美しい花」だけを見る

◆物事の「悪い面」は意識せずに、「良い面」だけを意識する

中東のレバノン出身で、子供の頃にアメリカに移住し、そして詩人として活躍した人物にカリール・ジブラーン（19〜20世紀）がいます。

このジブラーンは、**「楽天的な人は、バラを見て、トゲは見ない。悲観的な人は、トゲばかりじっと見つめて、美しいバラの花が咲いていることに気づかない」**と述べました。

バラという植物は、美しい花を咲かせます。

一方で、バラには、鋭《するど》いトゲがあります。

ある意味、バラには、「良い面」と「悪い面」があるのです。

美しい花を咲かせるということが「良い面」です。

鋭いトゲがあるということが「悪い面」です。

ジブラーンは、この言葉で、「楽天的な人」は、美しいバラ、つまり物事の「良い面」を見ることを意識して、トゲ、つまり物事の「悪い面」は見ないようにしている、と言っているのです。

そして、「悲観的な人」は、トゲ、つまり物事の「悪い面」ばかりに意識を奪われ、美しい花が咲いていること、つまり、そこには「良い面」もあるということに気づかない、と指摘しているのです。

したがって、物事の「良い面」を見ることを意識して、「悪い面」は見ないようにしながら生きていくことが大切になります。

そんな「楽天的な人」になってこそ、明るい気持ちで元気に生きていける、ということなのです。

このジブラーンの言葉も、「後悔しない生き方」を考える上で参考になると思います。

たとえ、何か思うようにならない状況に置かれたとしても、そうなったことを後悔するのではなく、その中で「良い面」を見つけ出して生きていくことが大切です。

失敗したら、その失敗を次の成功に生かすことを考える

◆「失敗する経験」は、その人にとって大きな財産になる

経営学者として活躍した人物に、坂本藤良《さかもとふじよし》（20世紀）がいました。大学の教授として仕事をしながら、著作活動も行い、彼が昭和三十年代に書いた『経営学入門』という本はベストセラーにもなりました。

そして、その本の出版がきっかけになって、当時の日本で経営学ブームが巻き起こりました。

彼の父親は、ある製薬会社の創業者でした。

しかし、その父親が経営している製薬会社が経営不振におちいって、にっちもさっちもいかない状態になったのです。

彼は、父親に頼み込まれて、その製薬会社の経営を引き受けることになりました。

しかし、いったん経営不振におちいった会社は、なかなか立ち直ることができませんでした。

彼自身も悪戦苦闘しましたが、結局、その会社は倒産してしまいました。

イメージダウンした彼にとっては、「こんなに苦労するんだったら、会社の経営なんて引き受けるんじゃなかった」と後悔する気持ちになったと思います。

しかし、彼は、ここで発想の転換をしたのです。

彼は、「会社が倒産に至るまでの経験を本にして書けば、読者に喜ばれるかもしれない」と考えたのです。

そこで彼は『倒産学』という本を書き出版しました。

そして、実際に、その『倒産学』という本は世間で大評判になったのです。

この事例からわかるように、**人は、ある失敗を「良い経験」にして、それを次の成功を導く原動力に変えていくことができる**のです。

したがって、失敗したとしても、いつまでもクヨクヨ後悔することはないのです。**楽天的な発想で、「その失敗を、どう生かしていくか」を考える**ことが大切です。

「転職を繰り返したからこそ、いい社会経験ができた」と考える

◆転職を繰り返しても、自分への自信を失わない

「こんな会社に入社してしまったことを後悔している」と言う人がいます。

仕事の内容や、あるいは収入面で不満があるのです。

そして、そのために転職をする人もいます。

しかし、次のような調査結果もあります。

転職先での仕事の内容や待遇《たいぐう》に満足しているかと尋ねたところ、「満足している」と答えた人は四割に満たなかったというのです。

つまり、半数以上の人は、より良い環境を求めて転職したとしても、結局は、「転職なんてしなければよかった」と後悔してしまうのです。

その結果、その転職先から、また別の会社へ転職してしまう人も出てきます。そし

て、定職に就けないまま、転職を繰り返す、という人もいるようです。

そして、「私はダメ人間なんだ」と、自分自身の能力を否定的に考えてしまうのです。

しかし、そんなふうに自分への自信を失ってしまったら、その先の人生に明るい展望を持つことができなくなります。

もし、このように転職を繰り返すことになった場合にも、「楽天的に考える」ということが必要になってきます。

たとえば、**「私は多くの会社で、色々な仕事を経験した、その結果、私は、一般の人よりも多くの知識や技能を持っている。世の中のことも、より深く知っている」**というように考えてみるのです。

そうすれば、自分への自信もよみがえってくると思います。

自信が戻れば、より良い人生を求めて、さらにがんばっていく意欲もわいてくるでしょう。

そして、いつかは、転職や独立にかかわらず、二度と後悔することがないような、自分の天職とも呼べる仕事にたどり着くことができるのではないでしょうか。

楽天的に考えられる人のもとに、大きなチャンスがやって来る

◆後悔ばかりしている人は、大きなチャンスに恵まれない

ある男性の役者は、若い頃に数多くの職業を経験したと言います。

高校を卒業後、彼は、芸能界で活躍することを夢見て、まずは、ファッション雑誌のモデルとして活動を始めました。

しかし、モデルの仕事は少なく、モデルだけの収入ではとても生活していけませんでした。

そこでアルバイトを始めたのです。コンビニの店員、CDショップの店員、飲食店の店員、あるいは、肉体労働など様々なアルバイトを転々としたのです。

しかし、そのようなアルバイトでの仕事はきつく、一方で、芸能界ではなかなか芽が出ませんでした。

そのような状況の中、「芸能界で活躍することなんて目指さないほうがよかったんじゃないか。普通に大学へ行って、普通に就職するほうがよかったんじゃないか」と後悔することもあったようです。

しかし、彼は、そこで楽天的に意識の持ち方を変えました。

つまり、**「将来、役者の仕事がきた時に、今色々な職業を経験しておくことは、きっといい経験になるだろう。役者の仕事では、どんな役柄でもやりこなす能力が必要になるからだ。そういう意味では、僕はある意味、色々なバイト先で働くことによって、役者になるための勉強をしている」**と、ポジティブに考えるようにしたのです。

その結果、前向きな気持ちで、アルバイトにも、もちろんモデルの仕事にも取り組んでいけるようになりました。

そんな時に、あるテレビドラマに出演する仕事が舞い込みました。

そして、色々な体験をしたため、その役柄で評価された彼は、役者として活躍するようになったのです。

これは楽天的な発想で、そのように気持ちを切り替えられたからこそ、チャンスに恵まれた、という事例です。

楽天的に考えることは「人間の知恵」である

◆知恵を絞って、物事の「良い面」を探す

ドイツの作家に、カール・ルートヴィヒ・ベルネ（18〜19世紀）という人物がいます。

彼は、**「何事をも後悔を長引かせない、ということこそ人間の知恵の始まりである（意訳）」**と述べました。

誰でも、生きていく上で、失敗や挫折を経験することがあると思います。

「自分の判断は誤りだったんではないか」と思うこともあるでしょう。

そんな時には、自分の行動や判断に、後になってから後悔することもあるかもしれません。

しかし、その後悔を長引かせないことが大切です。

後悔が長引けば長引くほど、気持ちが後ろ向きになっていくからです。

また、自分の人生に絶望的な気持ちが強まってしまうからです。

したがって、早くその後悔という感情を断ち切る必要があります。

では、どのようにして後悔を断ち切るのかと言えば、そこに「人間の知恵」がかかっている、とベルネはこの言葉で指摘しているのです。

そういう意味では、「楽天的な気持ちになって、発想を転換する」ということも、大切な「人間の知恵」の一つだと言えるでしょう。

なぜなら、楽天的に考えるということが、後悔を断ち切る有効な手段の一つだからなのです。

したがって、後悔するようなことがあった時には、そのネガティブな感情に流されてしまうのではなく、今自分が置かれた状況の中に何か「良い面」がないかということを知恵を絞《しぼ》って考えることが必要なのです。

そして、知恵を絞った結果、「良い面」が見つかれば、後悔の念から解放されて、前向きに、楽天的に生きていけるようになるのです。

「失敗はムダではない。失敗は有益である」と考える

◆「失敗はムダではない」からこそ、楽天的に前に進める

有名な実業家に、本田宗一郎（20世紀）がいます。

自動車やオートバイなどのメーカーである本田技研工業の創業者です。

彼は戦後、町工場から小型のオートバイを製造する事業を始め、その後、みずから創業した会社を世界的な企業にまで発展させたのです。

その本田宗一郎は、著書の中で、**「自分はたくさんの失敗をしてきた」**と述べています。

「自分がしてきたことの中で、成功したことと言えば、1パーセントくらいのものだ」と言うのです。

しかし、同時に彼は、**「人間が進歩するためには、まず第一歩を踏み出すことである。**

長い目で見れば人生にはムダがない」とも指摘しました。

自分がしてきたことの中で、その99パーセントが失敗であったとしても、それは「長い目で見ればムダではなかった」ということなのです。

失敗は、ムダなことではないのです。

それは、将来的に自分の人生に、とても有益な知識をもたらしてくれるものなのです。

このように、楽天的に「失敗はムダではない。それは有益なものだ」と考えることが、後悔という感情を断ち切る知恵になるのです。

言い換えれば、たとえ失敗することがあっても、「この失敗はムダではない」と考えることで、そこで立ち止まってしまうのではなく、そこから進歩していくために、さらにまた前に向かって第一歩を踏み出すことができるのです。

実際に、本田宗一郎は、「失敗はムダではない」という楽天的な発想によって、後悔の感情から立ち止まってしまうのではなく、絶えず前に向かって第一歩を踏み出しながら、人間的にも経営者としても成長していったと思います。

第2章
「その時点では最善だった」と考えてみる

「私は賢い判断をした」「正しい行動をした」という信念を持つ

◆自分を肯定的に考え、自分への自信を失わない

「愚かな判断をしてしまった。間違った行動をしてしまった」と、後悔する言葉を言う人がいます。

その後悔の感情をいつまでも引きずって、思い悩んでしまうのです。

しかし、後悔というネガティブな感情に心をとらわれている限り、前向きに未来へ向かって力強く生きていく意欲はわき上がってこないでしょう。

その場に立ち止まったまま、クヨクヨと悩み続けるしかなくなってしまいます。

したがって、どこかで、意識の持ち方を変える必要があると思います。

その方法として、次のような方法があります。

後悔するというのは、「愚かな判断をした。間違った行動をした」ということです。

しかし、それは、結果的に今思わしくない状況にあるからそう感じるのであって、判断した時点、行動した時点においては、その人は、「これがもっとも賢い判断だ」と考えたはずです。「これがもっとも正しい行動だ」と信じていたはずです。

その時の、その判断や行動には間違いはなかったのです。

ただ単に「いい結果が出なかった」ということだけなのです。

したがって、「愚かだった」「間違った」と、自分の能力や人間性を否定的に考えるのではなく、**「あの時点では、賢い判断だった。正しい行動だった。それ以外の選択はなかった」と、もう少し肯定的に物事を考える**ほうがいいと思います。

そのように考えることによって、自分のした判断や行動に100パーセントの自信を持つことが大切なのです。

自分への自信、自分への信頼感があれば、後悔の感情を吹っ切って、苦しい状況から抜け出すことができます。その結果、前向きな気持ちで、未来へ向かって生きていくことができるようになるのです。

自分への自信を失わない人は、後悔を吹っ切れる

◆「私は愚か～」という考え方を捨て去る

「愚かな判断をしてしまった」と、後悔する人がいます。

ある男性には、次のような経験があります。

彼は、もともと、ある大手企業のサラリーマンでした。その際、学生時代の友人から、「将来有望な事業がある。会社を辞めて、私と一緒にその仕事をやらないか」と誘われたのです。彼が検討したところ、確かにその事業が有望なように思われたのです。その事業は彼としても、とてもやりがいがあるように思われました。また、成功すれば、すばらしい人生を実現できるように思いました。

そこで、彼は友人の誘いを受けて、勤めていた会社を辞めて、その友人と一緒に会社を設立して事業に乗り出したのです。

しかし、結果的には、その事業は失敗してしまいました。そして、彼は、今になって、「軽々しく友人の誘いに乗ってしまった。なんて愚かな判断をしたのだろう」と後悔しているのです。しかしながら、いくら後悔しても、以前働いていた大手企業に戻れるわけではありません。そうならば、失敗したとしても、前向きに未来に向かって生きていくことが大切になります。

それでは、どのようにして気持ちを前向きにすればいいかというと、次のように考え方を変えてみるという方法があります。

事例の男性は、「あの時、愚かな判断をしてしまった」と言います。

しかし、彼は、その時の自分が置かれた状況、また、社会状況から考えて「もっとも賢い判断、正しい行動」をしたのです。

そのような**「その時、私は正しい判断をした」という考えを持つ**ことで、後悔を吹っ切ることができ、自信を持って前向きに生きていけるのです。

あくまでも、過去の自分の判断や行動を肯定的に考えることが大切なのです。

肯定的な言葉を使って、自己肯定感を高める

◆自己肯定感が高い人は、後悔を吹っ切るのが早い

心理学に「自己肯定感」という言葉があります。

これは、言葉どおりに言えば、自分を肯定的にとらえる感情のことです。

「私は、賢い判断をできる人間だ」

「私は、正しい行動をする人間だ」

という、自分自身への信頼感を持てている、という意味です。

そして、この自己肯定感が高い人は、「柔軟なものの考え方ができる」「多少のことではめげず、立ち直るのも早い」「ねばり強く物事を進めていくことができる」「明るく、社交的である」といった長所があることが知られています。

一方で、自己肯定感が低い人は、「自信がなく、委縮《いしゅく》しやすい」「ちょっとしたこと

で、落ち込んでしまう」「後悔の感情を引きずってしまいやすい」「自分の殻《から》に閉じこもりがちである」といった性格があることがわかっています。

そういう意味では、この自己肯定感を高くすることが、幸せな人生、充実した人生、そして「後悔しない生き方」につながっていくことがわかると思います。

では、どのようにして自己肯定感を高めていくかと言えば、その方法の一つとして**「肯定的な言葉を使う」**というものがあります。

たとえば、自分がした判断や行動が悪い結果を招いてしまったとします。

そんな時に、「どうしてこんなことになってしまったんだ。後悔しても後悔しきれない。なんて私はバカだったんだ」などと、自分で自分を否定するような言葉を思い浮かべてしまったら、自己肯定感が低まってしまいます。その結果、後悔をいつまでも引きずってしまうのです。

したがって、**「いや、あの時点で、私は最善の判断をし、最適の行動をした。あれ以外の方法はなかった」と、自分に言い聞かせる**のがいいと思います。

そうすることで自己肯定感が高まり、後悔を吹っ切ることができます。

「あの頃は未熟だった」と感じるのは、それだけ成長した証し

◆成長した人間として、もっとすばらしい人生を築いていける

「どうして、あんな判断をしてしまったのだろう。私は、なんて未熟だったんだろう」と、後悔する言葉を使う人がいます。

「今だったら、あんな判断はしなかった。もっと賢い判断をしていた」と言うのです。

たとえば、ある女性には、次のような経験があると言います。

彼女は、若い時、ある男性と結婚しました。

しかし、半年で離婚することになったのです。

離婚の原因は、つまらないものでした。つまらないことで口論になって、感情的になって「別れましょう」と言い放ってしまったのです。

その結果、離婚することになったのです。

そのことを、十年経った今になって彼女は「未熟だった」と後悔しているのです。「今なら、意見が食い違ったり、二人の関係に何か問題が生じたとしても、口ゲンカなどせずに、円満に解決することができる。しかし、まだ未熟だった私には、それができなかった。悔しい」と言うのです。

しかし、そのまま後悔の感情を引きずっていても、未来へ向かって前向きに生きていけません。

このようなケースでは、次のように考えることができると思います。

以前の自分自身を振り返って、**「あの時は未熟だった」と思うのは、それだけ自分が成長した証《あかし》し**なのです。

精神的にも人間的にも成長した証しなのです。

この事例の女性としても、離婚した時に比べて、ずっと成長したのでしょう。

そうならば、成長した人間として、今後はもっといい恋や結婚ができると思います。

そのような前向きな考え方ができれば、後悔を吹っ切って、未来へ向かって生きていくことができると思います。

「お金の無駄遣い」ではなく「自分へのご褒美《ほうび》」と考える

◆認識の仕方を変えれば、気持ちが楽になる

お金の無駄遣いをして、後で悔やむことがあります。

ある女性は、仕事でストレスが溜まると、ついお金の無駄遣いをしてしまう習慣があると言います。

仕事が忙しくなったり、会社での人間関係がギクシャクすると、そのためにストレスが溜まって、いらない物を買ったり、ぜいたくなことをしたりして、ついついお金を無駄遣いしてしまうのです。

そして、後になってから、「どうして、あんなことに必要のないお金を使ってしまったんだろう。私は本当に愚かな人間だ」と、強く後悔してしまうと言います。

しかし、そこで後悔したり、落ち込んだり、自分を責めたりしていたら、ますます

ストレスが溜まってしまうのではないでしょうか。

仕事のストレスに加えて、さらにストレスを溜め込んでしまったら、一層心が苦しくなっていくばかりです。

したがって、こういうケースでは、意識の持ち方を変えるほうが得策です。

もちろん、お金の無駄遣いはしないほうがいいと思います。

しかし、お金を少し無駄遣いして、それで多少でも会社でのストレスが軽減するのであれば、それはそれで肯定的に考えるほうがいいでしょう。

そういう意味では、**「無駄遣い」ではなく、「自分へのご褒美《ほうび》」と考えてみる**のも一つの方法だと思います。

いらないものを買ってしまうことがあっても、それは忙しい仕事をがんばってやり遂げた「自分へのご褒美」と考えるのです。

ぜいたくをすることがあっても、それは会社での人間関係を耐え抜いた「自分へのご褒美」なのです。

そう考えれば、気持ちが楽になって、後悔を引きずることもないと思います。

「なぜ決断しなかったのか」ではなく、「決断しなくて良かった」と考える

◆「買って良かった」か「買わなくて良かった」かはわからない

骨董品《こっとうひん》が好きな男性がいます。

彼は江戸時代の焼き物や、昔の有名画家が描いた絵や、古い時代の家具などを集めるのが好きなのです。

ある日、彼はある骨董品店に入りました。

そこで一枚の絵を見つけました。それは、明治時代の有名な日本画家が描いた絵でした。彼は、その絵をたいへん気に入りましたが、しかし、その絵は、とても高価でした。彼は購入したい気持ちはありましたが、「少し考えてみてから決めよう」と考え、その日は購入せずに帰りました。

後日、とうとう彼は「やっぱりあの絵を買おう」と決心して、ふたたび先日の骨董

品店を訪れました。

しかし、買おうと思っていた絵は、すでに売れてしまっていたのです。

彼は、「先日、最初にその絵を見た時に、なぜ思い切って買わなかったのか。私はバカだった」と後悔したと言います。

そして、その後悔の感情をいつまでも引きずってしまったのです。

しかし、いくら後悔しても、もう遅いのです。

上手に気持ちを切り替えるしかありません。

このようなケースでも、意識の持ち方を変えてみることが必要です。

つまり、**最初に絵を見た時、その絵を買って帰らなかったという判断は、決して「バカだった」のではなく、それが「その時点の最良の判断だった」と考え直す**のです。

もし、その時に絵を買ったら、実際には、後で「こんな絵、買わなければよかった」と後悔することになったかもしれません。その絵が実は偽物《にせもの》だったと発覚するかもしれません。「だから、買わなくて良かった」と考えるのです。

そう考えれば、上手に割り切ることができます。

「無理すべきだった」「無理しなくてよかった」、どちらが正しい？

◆「無理をしても楽しめなかった」と納得する

ある若い女性には、次のような経験があると言います。

彼女は、ある歌手のファンでした。ある日、女友だちから電話がありました。その女友だちが言うには、「今日の夜、あなたが好きな歌手のコンサートのチケットがたまたま入手できたんだけど、チケットを譲《ゆず》ってあげるから行ってくればいいじゃない」というのです。

実は、その日の夜のコンサートには、以前から彼女も行きたいと思っていたのです。

しかし、人気がある歌手だったので競争率が高く、チケットを取れなかったのです。

その話を以前、その女友だちに話していたので、わざわざ電話してきてくれて、偶然手に入ったチケットを彼女のために譲ってくれるというのです。

彼女とすれば、もちろん行きたい気持ちでした。

しかし、その日、彼女はとても疲れて、体調があまり良くありませんでした。そのために、女友だちに、「私は行かないから、あなたが行って」と、断ってしまったんです。とはいっても、数日後、「あの日、疲れていたのは確かだけど、無理をしてコンサートに行けばよかった。どうして断ってしまったんだろう」と後悔するようになったのです。そして、いつまでも、その後悔の感情を引きずっているというのです。

このようなケースでも、その後悔を吹っ切るためには、やはり意識の持ち方を変えるしかないと思います。

つまり、コンサートに行かなかったのは、その時の「最善の判断」だったのです。

もし無理をしてコンサートに行ったとしても、疲れが溜まって体調が悪い状態ではコンサートを楽しめなかった可能性もあります。無理をして行っていたとしたら、コンサートを楽しめなかったことを後悔することになっていたかもしれないのです。

ですから、**「その時は、私は最善の正しい判断をした」と納得して、気持ちを切り替えていく**ほうが得策です。

「結婚した後悔」「結婚しなかった後悔」、どちらが大きいか？

◆「結婚しなかった後悔」のほうが何倍も大きいと考える

ある女性は、弁護士として活躍しています。

また、弁護士という仕事を一生続けていきたいと考えています。

そして、去年までは、弁護士という仕事に没頭するために、結婚はせずに独身を通そうと考えていました。

しかし、去年、ある男性から情熱的に求婚されて、その男性と結婚しました。

もちろん「結婚しても、弁護士の仕事を続ける」ということを彼にも了承してもらって、今でも彼女は仕事をしています。

しかし結婚後は、やはり、家でやらなければならない雑用も多くなり、弁護士の仕事に十分に没頭できなくなりました。

そのために、今になって、「結婚すべきではなかったのではないか」と後悔するようになっているのです。しかしながら、結婚した男性への愛情も深まり、離婚はしたくない気持ちもあります。

このような場合も、意識の持ち方を切り替えて、後悔を吹っ切るのが良いと思います。彼を愛し離婚をするつもりもないのなら、後悔を吹っ切るしかないのです。

デンマークの哲学者であるキルケゴール（19世紀）は、**「結婚したまえ、君は後悔するだろう。結婚しないでいたまえ、君は後悔するだろう」**と述べました。

事例の女性は、今、結婚したことに後悔する気持ちがあると言います。

しかし、もし結婚していなかったとすれば、それはそれで、このキルケゴールの言葉どおりに、「あの時、結婚していればよかった」と激しく後悔することになったのではなかったでしょうか。そして、きっと、「結婚しなかった後悔」は、「結婚した後悔」よりも何倍も大きかったろうと思います。

そういう意味で言えば、やはり、結婚したというその時の判断は正しかったのです。

そのように考えて、後悔の感情を吹っ切るのがいいと思います。

その時点で選んだ病院が「最善の病院」となる

◆後悔すれば、病気の回復にも悪い影響がある

ある男性は、ある大きな病気をしました。

そして、その病気を治すために、手術をすることになりました。手術をするに当たっては、どこの病院で手術を受ければいいか、ずいぶん探し回ったと言います。

よりいい病院で手術を受けたかったのです。

そして、ある病院を見つけ出して、そこで手術を受けました。

手術は一応、成功しました。しかし、再発する危険はまだあるとのことでした。

その手術が終わった何カ月か後のことです。知り合いから、「あなたの病気に関して、すごい名医がいるんです。この病院にいる外科医なんですが、この人に手術を任せて

喜んでいる人がたくさんいるらしい」という話を聞いたのです。

知り合いからその話を聞いてから、「その病院で手術を受けたほうがよかったんじゃないか。そうすれば手術は、再発の心配なく大成功したのではないか」と、後悔するようになりました。

そして、その後悔から精神的にすっかり落ち込んでしまっているというのです。

しかし、「病は気から」と言います。落ち込んでいたら、それこそ再発の心配が高まってしまうのではないでしょうか。

このようなケースでは、意識の持ち方を変えて後悔を吹っ切ることが大事だと思います。そうして精神的に平静を取り戻すほうが、病気のためにもいいと思います。

この男性が手術を受けた病院も決して悪い病院ではないと思います。担当するお医者さんも有能な人でしょう。

そういう意味では、**手術する病院をその病院に決めたのは、その時点では「最善の判断」だった**のです。

そう考えて心を安らげるのが、病気からの回復に役立つと思います。

過去を肯定し、未来に明るい希望を持つようにする

◆病気になっても、過去を後悔しないほうがいい

次のような話があります。

ある男性は、とても仕事熱心でした。

やりがいのある地位に就き、やりがいのある仕事を与えられて、朝早くから夜遅くまで日々精力的に仕事をこなしていたのです。

しかし、過労がたたって、大きな病気になってしまったのです。

そのために長期に渡って入院生活を送ることになりました。

今、彼は、「病気になってしまって、旅行にも行けない。スポーツもできない。こうなるんだったら、元気だった頃に、仕事ばかりに明け暮れてばかりいないで、もっとプライベートの生活を楽しむ時間を作っておけばよかった」と後悔しているのです。

この男性のように、重い病気になってから、「人生をもっと楽しんでおけばよかった」と後悔する人も多いようです。

しかし、もはや過去に戻って人生をやり直すことはできません。

このような場合、まずは、過去を後悔するのではなく、過去を肯定的に受け入れる意識を持つことが大切です。

そういう意味では、**「『仕事が忙しいから、旅行やスポーツを楽しむ時間がない。だから旅行に行けない。スポーツもやれない』という、その時の自分の判断は最善だった」**と、自分で肯定的に納得することが大切です。そのように「その時の自分の判断は正しかったので別の選択の余地はなかった」と考えることで、後悔を吹っ切れます。

そうすれば、これからの人生について、**「この病気が治ったら、仕事ばかりに明け暮れるのではなく、旅行やスポーツを大いに楽しもう」という前向きな気持ちを持つこ**とができます。

その結果、明るい希望が生まれます。

「早く病気を治そう」という意欲も生まれてくると思います。

心やさしい人ほど、亡くなった人へ後悔の念を持ってしまう

◆亡くなった人は天国から感謝してくれている

ある女性は、去年、突然、実の母親を亡くしました。

その彼女は今、「お母さんが生きている間に、もっと優しくしてあげればよかった。お母さんに喜んでもらえることを、もっとしてあげればよかった。お母さんともっと旅行に行けばよかった」と後悔していると言います。

愛する人を亡くした時、事例の女性のように、「愛する人が生きている間に、もっとこうしてあげればよかった」という後悔の念にさいなまれている人は多いのではないでしょうか。

もちろん、その相手は母親に限らず、父親である場合もあるでしょう。夫や妻、兄弟姉妹や恋人であると思います。とにかく、愛する人に先立たれた時、生きている時

に、「旅行に連れていってあげればよかった」「美味しいものを、もっと食べさせてあげたかった」「もっと話を聞いてあげればよかった」などと、色々な意味で後悔の念を引きずってしまう人が多いようです。

しかし、そのように後悔を引きずって悩み込んでいるのでは、亡くなった人もあの世で喜びはしないのではないでしょうか。残された人が幸せに暮らしていてこそ、亡くなった人も天国で喜んでくれると思います。

亡くなった人への後悔の念を強く感じる人は、みな心やさしい人です。

「こうしてあげればよかった。ああしてあげたかった」と後悔する人は、みな心やさしい人で、実際には生前亡くなった人に十分にやさしくしてあげていたのです。

亡くなった人も生前は、やさしくしてもらっていたことに満足し喜んでいたのです。

したがって、本当は、**「もっとやさしくしてあげれば〜」などと後悔する必要はまったくない**のです。

亡くなった人も天国から、今も、やさしくしてもらったことに感謝しているでしょう。ですから、後悔することはやめたほうがよいと思います。

第3章 「やらない後悔」より「やった後悔」がいい

やらないで後悔するより、やって後悔するほうがいい

◆やりたい夢に向かって、思いっきりチャレンジする

世間でよく使われる言葉に、「**やった後悔より、やらない後悔のほうが大きい**」というものがあります。

確かに、その通りだと思います。

たとえば、「私はこんなことにチャレンジしてみたい。こんなことを成し遂げたい」という夢を持ったとします。

しかし、「失敗するのが怖い」「私には無理だろう」「まだ時期が早いのではないか」といった不安から、夢に挑戦することを「やらない」で終わらせてしまいます。

そんなことをすれば、その本人は、後々、「あの時どうして決断して、夢に向かって行動しなかったのだろう」という強い後悔にとらわれてしまうことになるのです。

一方で、その夢に向かって思い切ってチャレンジしたとします。

しかし、挫折したり、失敗したりすることがあるかもしれません。

その時、「無理なことをしてしまったのだろうか」と後悔することもあるかもしれません。

しかしながら、やりたい夢に思い切ってチャレンジした場合、その人は、後悔よりもずっと大きな、「私は思い切ってやった」「チャレンジしたこと自体が、とても楽しかった」「夢に向かって努力している間、充実した日々を過ごせた」という満足感を得ることができるのです。

したがって、そんな後悔などすぐに消え去ってしまいます。

そして、夢にチャレンジした満足感を持ったまま、また次の夢に向かって進んでいくことができるのです。

そういう意味で、**やらないで後悔するよりも、やって後悔するほうが、ずっと生産的な人生を実現できます。**

したがって、避けなければならないのは、「やらないで後悔する」ということなのです。

興味を持ったことは「まず動く」のがいい

◆行動してみるところから、すばらしい人生が始まる

心理学者として、また作家として活躍した人物に多湖輝《たごあきら》（20〜21世紀）がいます。

彼は、「**『まず動く』。そこからあなたの新しい人生が始まります。一歩を動き出すことで、あなたの新しい人生が創られていきます**」と述べました。

何か興味を持ったことが生じたとします。

「仕事にこんなアイディアを生かしたら、どうなるだろうか。面白いことになるかもしれない」

「山登りって、行ったことはないが、楽しそうだな」

「あの人が参加している俳句会って楽しそう。私も仲間に入れてもらえないだろうか」

といったことです。

そんな興味を持つことが頭に浮かんだ時は、その実現に向けて**「まず動く」**ということが大切です。

「どうせ上司から反対されるに決まっている」

「体力がない私には無理だ」

「私の下手な俳句を、みんなから笑われたらどうしよう」

などとネガティブなことを考えてグズグズしていたら、せっかくのチャンスを逃してしまうことになるでしょう。

そこで迷ってグズグズしているうちに、「やっぱり、やめておこう」という否定的な気持ちがどんどん大きくなってしまうからです。

そして、後々になってから、「あの時、チャレンジしておけばよかった」と後悔することにもなります。

とにかく、「迷わずまず動く」のがいいのです。そこから「新しい人生」が始まります。

そこから、すばらしい、楽しい人生が始まるのです。

「できない言い訳」をすると、後で悔やむことになる

◆「できない言い訳」を考えないようにする

何かをやりたいと感じた時、その「できない言い訳」をすぐに考えてしまうタイプの人がいます。

独立して自分で事業を始めたいと思う男性がいました。しかし、

「私には経営者としての能力なんてない。失敗することになる」

「家族に反対されるに決まっている。家族の反対を押し切ってやるだけの勇気は、私にはない」

「資金的に無理だ。無謀な挑戦になってしまうだろう」

と、自分自身に向かって色々と「できない言い訳」をして、結局は、何の行動もせずにそのまま終わってしまったのです。

しかし、本当にその人が「能力がない」かと言えば、実際にはそうではないのです。本当は「すぐれた能力を持っている」人だったのです。

「家族に反対されるに決まっている」というのも、本人の思い込みでした。

「資金的に無理」ということも、その本人が自分でそのように決めつけているだけでした。

つまり、本人が「本気でやろうと思えば、実現できた」ということなのです。

それにもかかわらず、「できない言い訳」を作り上げて自分にブレーキをかけてしまったために、後々になってから、「あの時、思い切って独立しておけばよかった」と悔やんでいるのです。

このように「できない言い訳」をすぐに考えてしまうタイプの人は、他にもいるかもしれません。

したがって、もし「後悔しない人生」を送っていきたいと思うのであれば、**何か行動を起こそうという時に「できない言い訳」をすぐに考えてしまう心の習慣を改める**ほうがいいと思います。

「ぜひ実現したい」という強い思いを持って行動する

◆思いが弱いから、「できない言い訳」を探し出す

古代中国の儒学者《じゅがく》に、孟子《もうし》（紀元前4〜3世紀）がいます。

この孟子は、**「為《な》さざるなり、能《あた》わざるに非《あら》ざるなり」**と述べました。

この言葉にある「為《な》さざるなり」とは、「行動しようとしない」ということです。「能《あた》わざるに非《あら》ざるなり」とは、「能力がないからではない」という意味です。

つまり、孟子はこの言葉で、**「行動しようとしないのは、その人に能力がないからではない」**ということを指摘しているのです。

よく、何かやりたいことがあっても、みずから「私には、そんな能力がない」という言い訳をして、やりたいことをあきらめてしまう人がいます。

「お店を持って、自分で商売をやってみたい」

「五十代になったが、できれば大学で勉強をし直してみたい」
「世界中を一人旅してみたい」
といった夢を抱きながら、「私は商売人としての能力がない」「勉強を続けていく能力は、私にはないだろう」「私には語学の能力がないから、無理だ」とことを言い訳にしてあきらめてしまうのです。

しかし、この孟子の言葉の意味に合わせて考えてみれば、その人たちは「能力がないから、行動しようとしない」のではないのです。

本当は、すぐれた能力を持っている可能性もあるのです。

しかし、それにもかかわらずに、やりたいことをあきらめてしまうのは、その本人の「やりたい」という思いが弱いからなのです。

「やってみたい」ということに向かって行動を移すには、「ぜひ実現してみたい」という強い思いが必要になります。この思いが弱いと、みずから色々と「できない言い訳」を作り出して、自分にブレーキをかけてしまうのです。

「やってみたい。実現してみたい」という強い思いを持つことも、「後悔しない生き方」につながります。

やりたいことに向かって「執念」を持って前進していく

◆「なにがなんでも」「ぜがひでも」という強い思いを持つ

経営者として石川島播磨《はりま》重工業や東芝の社長を勤め、当時の経済団体である経団連《けいだんれん》の会長でもあった人物に土光敏夫《どこうとしお》（19～20世紀）がいます。

彼は、**「できないのは能力の限界だからではない。執念が欠如しているのだ」**と述べました。

この言葉にある「執念が欠如している」というのは、言い換えれば、「『なにがなんでも実現したい』という思いが弱い」ということだと思います。

自分にそれを実現する能力があるかどうかを考えるよりも、もっと大切なことなのは、この「なにがなんでも実現したい」という強い思いを持つことなのです。

さらに言えば、この強い思いがあれば、たとえ多少能力的に劣る部分があっても、やりたいことへ向かって第一歩を踏み出すことができるのです。

その結果、そのやりたいことを成し遂げることもできると思います。

大切なのは、「なにがなんでも」「ぜがひでも」という強い思いを持つことなのです。

この強い思いを持つということが「後悔のない人生」にもつながっていきます。

「なせば、なる」という言葉もあります。

「強い思いを持って実行すれば、できないことはない」という意味です。

もちろん夢や願望、目的といったものを実現するためには、その途中、苦労をしたり、壁にぶつかったり、思い悩んでしまうこともあるかもしれません。

しかし、その「やりたいこと」に向かって前進している時は、「後悔する」ということはあまりないのです。

人が後悔するのは、むしろ、「やりたいことへ向かって、第一歩を踏み出さなかったこと」に対してなのです。

したがって、大切なことは、強い思いを持って、第一歩を踏み出すことです。

「できない理由」ではなく、「できる方法」を考えてみる

◆自分ができる範囲で「できる方法」を考えてみる

実業家に市村清《いちむらきよし》（20世紀）という人物がいます。

コピー機やプリンターのメーカーとして有名なリコーの初代社長を勤めた人です。

彼は、**「できない理由を考える前に、できる方法を考えることが大切だ**（意訳）**」**と述べました。

何か「やりたいこと」が、心に浮かんだとします。

その時、「能力がない」「協力者がいない」「準備ができていない」といった「できない理由」を数えあげて、行動を起こさないままあきらめてしまう人がいます。

市村清は、そんな「できない理由」を数えあげる前に、「できる方法」について考えるほうを優先するべきだ、と言っているのです。それは、

「今の私の能力で無理なく実現する方法はないか」

「協力者がいない現状の中で、自分の力でできることはないか」

「効率的に準備を進め、一刻も早く本格的に行動する方法はないか」

ということを考えることです。


よく考えてみれば、必ず何かしらの「方法」が見つかるはずです。

そして、何かしらの方法が見つかれば、そこに希望が生まれます。

「無理だろう」というあきらめから、「できるんじゃないか」という希望が生まれてくるのです。


そうなれば、明るい気持ちで、自信を持って、自分が「やりたいこと」に向かって前進していくことができるのです。

何かやりたいことがある場合、**「こういう理由で無理なのではないか」という否定的な感情にとらわれたとしても、冷静になって理性的に「できる方法」を探してみること**が大切です。そのような思考の習慣を身につけることが、「後悔しない生き方」につながっていくのです。

夢に向かってがんばっている人に良い刺激を受ける

◆ただの傍観者《ぼうかんしゃ》になっていてはいけない

「あの時、私も、もっと一生懸命になってがんばっていればよかった」と、後悔の言葉を述べる人がいます。

ある男性には、次のような経験があると言います。

二十代の頃の話です。彼の会社の同僚や、プライベートの友人たちは、自分ならでは夢に向かって一生懸命に努力していたそうです。

そのような同僚や友人たちの様子を眺めながら、彼は冷めた気持ちで、「がんばっても、たいして報《むく》われるわけじゃない。もしそうならば、一生懸命がんばるなんて損だ」と、怠けていたのです。

多少怠けていても、給料は入ってきますし、生活にそれほど困るわけでもなかったからです。

しかし、それから十年が経ち、会社の同僚たちは仕事で活躍し、やりがいのある地位にも就いています。友人たちも、自分ならではの夢を叶《かな》え、そしてまた新しい夢に向かって充実した人生を送っているのです。

それに対して彼は、十年前に比べてちっとも成長していないように思えるのです。彼自身も同僚や友人たちから引き離されて、自分一人が取り残されているように感じているのです。

そして、「私も二十代の頃に、もっとがんばっておけばよかった」という後悔の念に苦しめられているのです。

このような後悔をしないために大切なことは、**「傍観者《ぼうかんしゃ》にならない」**ということだと思います。

自分の夢のために努力している同僚や友人たちを、他人事のように遠くから眺めているのではなく、そのような同僚や友人たちに**刺激を受けて、これからは自分は自分なりの夢を持ってがんばっていく**、と考えることが大切です。

傍観者になることなく、もっと主体的に努力していく

◆他人のがんばっている姿を眺めているだけの人生は、つまらない

個性的な芸術作品を精力的に制作した人物に、岡本太郎（20世紀）がいます。

昭和四十五年の大阪万博での、「太陽の塔《とう》」の製作者としても有名です。

その「太陽の塔」は、現在でも残されています。

この岡本太郎は、著書の中で**「人生に命を賭《か》けていないんだ。だからとかくただの傍観者になってしまう」**と述べました。

この言葉にある「人生に命を賭ける」とは、強い表現ですが、わかりやすく言えば、「自分ならではは夢の実現に向かって、一生懸命に努力すること。そして、自分にしかできない人生を実現すること」を意味していると思います。

一方、「傍観者《ぼうかんしゃ》」とは、「一生懸命になってがんばっている人を、自分は何もせずに、

ただ横から眺めている人」という意味です。

岡本太郎は、「そんな傍観者になってしまったら、後悔することが多い人生になってしまう」と指摘しているのです。

したがって、彼は、「人生に命を賭ける」、つまり、自分ならではの夢に向かって、みずから人生を切り開いていく生き方をすることが大切だ、と言っているのです。

それでこそ、「後悔しない生き方」を実践できる、ということなのです。

夢に向かって努力している人を、横からただ眺めているだけの人生を送ってはいけないと思います。

それでは、自分自身の「満足のいく生き方」を作り出していくことはできないでしょう。

「満足のいく生き方」を実現したいのであれば、自分自身がまず動かなければならないのです。

そのためには、**自分ならではの「やりたいこと」を見つけ、それに向かってみずから主体的に努力していく**ことが大切です。

問題が生じた時は、みずから主体的に解決していく

◆誰かへの不平不満を言って終わりにしない

アフリカのケニアに、ワンガリ・マータイ（20〜21世紀）という女性の政治家がいました。主に、環境保全の分野で活躍していました。

「もったいない」という言葉があります。

古くなったモノをすぐに捨ててしまうのではなく、「捨ててしまうのは、もったいない」という気持ちを持って、モノを大切にしていこうという精神を表す言葉です。

彼女は、日本にそのような「もったいない」という言葉があることを知って、この「もったいない」という精神を世界中で実践していこうと、この日本語の言葉をそのまま使って「もったいない運動」を始めた女性としても有名です。

それは環境保全にもつながると考えたからです。

このワンガリ・マータイは、**「ただ傍観して、不平を言っていてはいけない。あなた方は『誰か』が行動を起こすのを待っているのだろうか。行動を起こさなければならないのは、まさに『あなた方自身』なのである」**と述べました。

たとえば、仕事で何かアクシデントが生じたとします。

その時に、「上司のリーダーシップがないから、こういうことになった」「同僚のあの人に能力がないのが、いけないんだ」と、他人に対して不平不満ばかり言って、自分はまったく関係ないふりをして傍観している人がいます。

そして、誰か他人が、そのアクシデントを解決しているのを待っているのです。

ワンガリ・マータイは、この言葉で、そういう生き方をしてはいけない、と指摘しているのです。

何か問題が生じた時には、たとえその責任が自分にないにせよ、主体的にその問題を解決するために動き出すことが大切だ、ということなのです。

そうすることによって、自分自身の評価も上がります。これもまた「後悔しない生き方」の一つになるのです。

先延ばしグセがある人は、後悔することも多くなる

◆今日やるべきことは、今日中に済ませるほうがいい

やらなければならないことを、先延ばしにしてしまう人がいます。

今日中にならなければならない仕事なのに、つい面倒臭くなって、「明日でいいや」と先延ばしにしてしまいます。

しかし、明日になってから、「この仕事は、昨日のうちに終わらせておくべきだった」と後悔することになる場合もあるのです。

そうならないためには、その日にやるべきことは先延ばしせずに、できるだけその日のうちに終わらせるように心がけていくことが大切です。

ことわざに、**「今日の一針《ひとはり》、明日の十針《とはり》」**というものがあります。

衣類などに、ちょっとした破《やぶ》れ目が生じます。

その破れ目を今日中に修繕しておけば、「一針」で済むのです。

ここでの「一針」とは、「簡単な作業で済む」という意味です。

しかし、「明日やればいい」と先延ばしてしまうと、その間に破れ目がどんどん広がってしまって「十針」も縫わなければならなくなる、というたとえです。

この場合の「十針」とは、「簡単な作業では済まなくなる。ますます面倒になる」ということです。

面倒になるからこそ、「昨日のうちに済ませておけばよかった」と後悔することになるのです。

このことわざも、**「今日やることは、今日中に済ますことが大切だ。先延ばしにすると、後で悔やむことになる」**ということを言い表しているのです。

そういう意味で言えば、何かと先延ばしばかりするクセがある人は、「後悔の多い人生」を送ってしまう可能性が高くなってしまうのです。

そのような理由で、先延ばしグセは直すほうが得策です。

第4章
自分らしく生きる人は、後悔しない

自分ならではの夢に向かって、自分らしく生きていく

◆人から言われることに従ってばかりいない

生きていることをもっとも楽しく感じられるのは、「自己実現」のために向かって努力している瞬間ではないでしょうか。

「自己実現」とは、つまり、自分の持つ能力を発揮して、自分らしい生き方を実践していくことです。

このような生き方をしている人は、たとえその途中でうまくいかないことがあっても、また、挫折を経験するようなことがあっても、「こんな生き方を選ぶんじゃなかった」と後悔を引きずってしまうことはありません。

そういう意味では、何か**「これが、私の夢だ」というものを見つけ出し、その夢の実現に向かって、自分らしいやり方で努力していく**ように心がけていくことが大切で

す。

一方で、これといった夢も、やりたいこともなく、人から「こうしたほうがいい。ああしなさい」と言われることにただ従って生きているようなタイプの人もいます。

こういうタイプの人は、往々にして、後悔というネガティブな感情を引きずってしまうことがあります。

うまくいかなかったり、失敗することがあると、「あの人の言うことなんて聞かなければよかった。あの人の言う通りなんて、するんじゃなかった」と強く後悔し、その後悔をいつまでも引きずってクヨクヨ悩み続けてしまう場合も多いのです。

そういう意味では、人から言われることにただ従うのではなく、自分から積極的に自分ならではの夢や目標を見つけ出して、その実現のために主体的に生きていくことが大切なのです。

「人に従って生きる」ということから、「みずから主体的に生きる」というように生き方を変えた時、「何かと後悔の念を引きずってしまう」ということも自然になくなっていくと思います。

まずは、**「自分ならではの夢」について考えてみる**ことが良いと思います。

静かな環境の中で「私は何をしたいか」を考えてみる

◆自分の生き方について考える時間を作る

「経営の神様」とも言われた偉大な経営者がいます。

現在のパナソニックを創業した松下幸之助（19～20世紀）です。

彼は、**「常に信念を持って主体的に生きるためには、やはり心静かに、自分は何をなすべきかを考え、そのなすべきことをひたすらに実行していくことが大切である**（意訳）**」**と述べました。

この言葉にある「信念を持って主体的に生きる」とは、「私は、こんなことをしなければならない。私は、これをしたい」という自分ならでは願望を持ち、その実現のために何をしなければならないかということを自分自身で考え、そしてみずからの意志で積極的に生きていく、ということだと思います。

言い換えれば、そのような「主体的な生き方」をしていってこそ、「後悔のない人生」を作り上げていける、ということだと思います。その結果、充実した、満足感に満ちた人生を築いていける、ということです。

では、「私がなすべきことは何か。私がしたいことは何か」ということを、どのようにして見つけ出せばいいのかと言えば、松下幸之助は、**「心静かに考える」**という時間が必要になる、と指摘しているのです。

一般の人たちも、日常生活の中で、静かな環境の中で、落ち着いた気持ちで、「私がしたいことは何だろう？　私らしい生き方とは、どのようなものだろう？」ということを考える時間を持つことが大切だと思います。

自分がしたいことを見つけ出すことが、「後悔のない人生」へ踏み出す第一歩になるからです。

一方で、そのように自分の生き方について考える時間を持たない人は、周りの人や、その時の状況に流されていくばかりで、結局は、後悔の多い人生を歩んでいかざるを得なくなるのです。

自分の人生の歴史は、みずから作っていく気概を持つ

◆「自我作古」を、人生の指針にする

中国の歴史書の一つに、『宋史《そうし》』があります。

文字通り、宋《そう》時代（10〜13世紀）の歴史について書かれた書物です。

この『宋史』の中に、**「自我作古《じがさっこ》」**という言葉が出てきます。

明治時代の教育者で、慶応義塾大学を創設した福沢諭吉がこの言葉が好きで、慶応義塾の教育理念の一つにもしました。

「自我作古」は、**「我より古《いにしえ》を作《な》す」**とも読みます。

この言葉にある「我」は、「自分自身」という意味です。

「自」は、この場合、「より」と読みます。

つまり、「我より」とは、「自分自身から」「みずから」という意味になります。

また、「古《いにしえ》」には、「歴史」という意味があります。「作《な》す」とは、「作っていく」ということです。

したがって、この言葉は、**「自分自身の人生の歴史は、みずから作っていくという意志を持って生きることが大切だ」**ということを述べているのです。

他人の言いなりになるのではなく、世間の常識や過去の前例といったものにとらわれるのではなく、「私は、こういう生き方をしていく」ということを主体的に考えて実践していく人間になることが重要だ、ということです。

そのような主体的な生き方を実践できてこそ、大きな満足感と幸福感を得られる、ということです。

ひいては、それが、「後悔のない人生」につながっていくのです。

人生は一度きりです。その一度きりの人生を、後悔することなく、思いっきり充実したものにしていくためには、**「私は歴史を作る。私の人生の歴史は、自分自身で作っていく」**という気概《きがい》を持つことが大切なのです。

そのような気概があってこそ、いい人生になります。

才能を見つけ、才能を生かす生き方について考えてみる

◆「才能がない」と思い込んでしまってはいけない

人は、その人ならではの才能を持って生まれてきます。

音楽の演奏に才能がある、という人もいるでしょう。

人との交渉力に才能がある、という人もいると思います。

文章を書くことに才能がある、という人もいます。

運動能力にすぐれている、という才能を持つ人もいます。

そのように人には、一つか二つ、必ず才能があるものなのです。

その自分ならではの才能が、どのようなものであるかを自分自身でよく理解し、そしてその才能を生かすような生き方をすることも、「後悔のない人生」につながります。

ドイツの文豪であるゲーテは、**「自分の授《さず》かった才能を生かして生きることが、もっ**

とも美しい生き方である」と述べました。

この言葉にある「もっとも美しい生き方である」ということは、「もっとも幸せな生き方である」「もっとも充実した生き方である」という意味として理解できると思います。

つまり、ゲーテも、自分ならではの才能を生かして生きることが、後悔しない、幸せな生き方になる、と指摘しているのです。

「私なんて、何の才能もない」と言う人がいます。

しかし、それは自分でそう思い込んでいるにすぎないと思います。

そのように言う人であっても、よく探してみれば必ず何かしらの才能があるものです。

したがって、まずは、**自分の才能を見つけ出す努力をしてみる**ことが大切です。

「才能がない」と嘆いているばかりでは、結局は、「後悔だらけの人生」になってしまうのではないでしょうか。

そんな人生は、幸福で充実したものであるはずがありません。

直観に従ってみることで、「自分ならではの才能」が見えてくる

◆時には、心から生じる直観に従って行動してみる

若い人たちの中には、「私には、いったい、どんな才能があるのかわからない」と言う人がいます。

確かに、自分にどのような才能があるかということは、意外と自分ではよくわからないものなのです。

では、どのようにすれば自分の才能について知ることができるのかと言えば、その方法の一つに**「心から生じる直観に従ってみる」**という方法があるでしょう。

人に会って話を聞いたり、本を読んだり、街を歩いたりしながら、色々な事物に接していく中で、直観的に「これをやってみたい」と思うことがあるでしょう。

そんな直観に従って行動を起こしてみるのです。

そのような中で、「私は、こういう分野に才能がある」ということが自分自身でわかってくることがあるのです。

パソコンやスマートフォンのメーカーとして有名な企業にアップルがあります。このアップルの創業者は、スティーブ・ジョブズ（20～21世紀）という人物です。

ジョブズは、

「最も大切なのは、自分の心と直感に従う勇気を持つことです。自分の本当になりたい姿を知っているのは、自分の心と直感だからである」と述べました。

この言葉で、彼も、「心から生じる直観に従ってみることの大切さ」ということについて指摘しています。

そして、「自分の本当になりたい姿を知っている」というのは、言い換えれば、「直観に従って行動することで、自分にはどのような才能があるかがわかってくる」ということだと思います。

心から生じる直観に従って生きるということも、自分の才能を生かしていくという意味で、「後悔しない生き方」につながると思います。

人の才能をうらやましく思うより、自分が持っている才能を生かす

◆人をうらやむ人は、自分のことで後悔ばかりしている

他人の持っている才能をうらやましく思う人がいます。

「あの人には、ユニークなことを発想する才能がある。うらやましい」

「あの人は、人と交渉する才能に恵まれている。うらやましいことだ」

といったようにです。

そのように人が持っている才能をうらやむということは、裏を返せば、自分にそのような才能がない証しなのでしょう。

しかし、たとえ「自分にはユニークなことを発想する才能はない」としても、その他に、自分にしかない才能があるはずなのです。

したがって、**「自分にはない才能」を人が持っていることをうらやましく思うよりも、**

「自分が持っている才能」を生かしていくほうが、ずっと有益な人生を送っていくことができると思います。たとえば、

「私には、ユニークなことを発想する才能はないかもしれないが、ずば抜けた行動力という才能がある」

「人と交渉する才能に恵まれていないが、事務的な処理を素早くする才能はある」

といった具合に、「自分が持っている才能」を生かしていくことを考えるのです。

自分にはない才能を人が持っていることをうらやましがってばかりいる人は、何かうまくいかないことがあると、「若い頃、もっと勉強しておけばよかった」だとか「今までにもっと色々なことを経験しておくべきだった」と、昔のことを後悔ばかりして、結局は、生きる意欲を失っていくことになりやすいのです。

一方で、自分が今持っている才能を生かしていこうという意欲を強く持っている人は、うまくいかない状況に突き当たったとしても、昔のことを後悔してばかりいるようなことはありません。

自分が持っている才能をさらに活用して、うまくいかない状況を乗り越えていくことに全力を傾けることができるのです。

他人が持っているものをうらやむと、結局は後悔する

◆「ありのままの自分の姿」を受け入れて生きていく

次のような逸話があります。

一匹のトカゲがいました。

そのトカゲは、常々、カメをうらやましく思っていました。

カメは頑丈《がんじょう》な甲羅《こうら》を背中に背負っています。

そのトカゲは、「自分も、あんな甲羅が欲しい。甲羅があれば強そうに見えるし、敵に襲われても安心だ」と、カメをうらやましく思っていたのです。

そして、「自分にも、あんな甲羅を背中につけてください」と、神様に祈りました。

すると、神様は、空の上から、「おまえの願いを叶《かな》えてやろう」と言いました。

そして、その神様は、トカゲの背中に甲羅をつけてやったのです。

その瞬間、トカゲの願望は叶いました。しかし、そのトカゲは、ちっともうれしくはありませんでした。

そのトカゲは、「甲羅が重くて、早く走れない。動き回るのに邪魔《じゃま》になってしょうがない。こんなことになるんだったら、神様に、甲羅をつけてくれるようお願いするんじゃなかった」と、後悔したのです。

この話は、**「他人が持っているものを下手にうらやむと、結局は後悔することになる場合が多い」**ということを示しています。

他人が持っているものを、もし自分が入手することができたとしても、それで幸せな人生を送れるかと言えば、そんなことはないのです。

むしろ、後悔することになる場合も多いのです。

結局は、持って生まれた自分自身の姿をありのままに受け入れて生きていくことが、もっとも幸せなことだ、ということなのです。

また、ありのままの自分を受け入れて、そのありのままの自分の中で精一杯生きていくことが、「後悔しない生き方」につながるということです。

仕事を選ぶ時には「自己実現できるかどうか」を基準にする

◆「収入」「会社の大きさ」だけで仕事を選ばないほうがいい

自分がこれからやっていこうという仕事を選ぶ時には、人それぞれの価値観があると思います。

収入の多さ、という価値観を重視する人もいるでしょう。

あるいは、就職する会社の規模が大きいかどうか、ということを重視する人もいると思います。

ただし、「後悔しない人生」という点から考えれば、やはり、**「その仕事を通して自己実現ができるか」という価値観をもっとも重視して判断する**ことが大切だと思います。

つまり、その仕事を本人が心からやりたいと思い、その仕事を通して自分らしい生き方が実現できると本人が感じられるかどうか、ということです。

この「自己実現」という価値基準を真剣に考えることなく仕事を選んでしまうと、後で大きな後悔をしてしまうことになりかねないのです。

「収入がいい」「とにかく大きな会社で働きたい」という理由だけで仕事を選んでしまう人がいます。

自分が携わるであろう仕事について、その本人が「心からやりたい」という気持ちがあまりない、のにもかかわらずです。また、その仕事を通して自分らしい人生を築いていけるという自信がない、のにもかかわらずです。

しかし、そのようなケースでは、いざその仕事を始めてから、何かしらの障害にぶつかるような経験をした時に、「こんな仕事を選ぶんじゃなかった」と強く後悔し、働く意欲を失ってしまうことにもなりかねません。

一方で、「この仕事を通して自己実現できる」と信じて仕事を選んだ人は、障害にぶつかっても、前向きな気持ちを失うことなく、その障害を乗り越えていけることが多いのです。

命じられた仕事の中でも、自分ならではの働き方を工夫する

◆自分なりのアイディアや目標を持つ

もちろん人生では、やりたくないことをやらなければならない時もあります。

特に、会社で働いている人などは、上司からの命令や、取引先からの要請があれば、自分がやりたくないことであってもやらなければならないでしょう。

しかし、そんな**「やりたくないこと」であっても、自分なりに「こう工夫すれば、うまくいくのではないか」「この仕事を通して、自分の将来のために何か学べることがあるのではないか」と考えてみる**ことが大切です。

自分なりのアイディアや目標を持って、主体的に仕事を進めていくのです。

そうすれば、そんな「やりたくないこと」の中でも、自己実現を果たしていくことができます。

当初は「やりたくない」という気持ちがまさっていた仕事であっても、それを行っていくことにだんだんと喜びや充実感を得られるようになるのです。

しかし、一方で、そのような自分なりにアイディアや目標を何も持たずに、「イヤイヤながら、ただ言われた通りにする」という状態になると、「こんな会社に入ったばっかりに、あんな上司の下で働かなければならなくなった。あんな取引先の担当にさせられた。こんなことになるんだったら、こんな会社に入るんじゃなかった」という後悔ばかりが強くなっていきます。

そして、その後悔という感情のために、仕事への意欲を失っていきます。

また、自分への自信も失われていくばかりなのです。

したがって、たとえ**誰かに命じられてやることであっても、そこに自分ならではの働き方、自分らしい生き方ができるように創意工夫していく**ことが大切です。

それを忘れなければ、どのような立場に立たされても、「後悔しない人生」を実現していくことができるでしょう。

その結果、充実感と満足感のある人生を築いていくことができるのです。

イエスマンになってしまうほど、後悔することも多くなる

◆自分が思うことは、ソフトに相手に伝えるほうがいい

「イエスマン」と呼ばれるタイプの人がいます。

上司など自分よりも権威や力を持っている人に対して、自分なりの意見をまったく述べずに、ただひたすら盲目的に従っていくタイプを指します。

自分なりの意見を言って、上司などとの人間関係がギクシャクしてしまうのが怖いのです。

そのために、どんな命令や要請であっても「イエス」、つまり、「はい、わかりました」と答えてしまうのです。

自分で納得している場合は良いのですが、そうでない場合、強いストレスを抱え込んでしまうことになりかねません。

本当は、自分が言いたいことや、反対意見や、不満があるのにもかかわらず、それを自分の中に溜め込んでしまうからです。

そして、そんなストレスは、やがて「こんな会社に入るんじゃなかった」「こんな仕事を希望するんじゃなかった」といった後悔を生み出すことになります。

そのためにまた、働く意欲、前向きに生きていく意欲をなくしていくことにもなるのです。

そうならないためには、**イエスマンから脱する**ことが大切です。

自分が思っていることがあれば、ソフトに相手に伝えるように心がけるのです。

それも、「自己実現」の一つの方法でしょう。

穏やかで、筋《すじ》の通った話し方をすれば、上司との関係がギクシャクすることもないと思います。

自分の意見も言い、お互いに納得した上で仕事をすれば、余計なストレスを感じないで済みます。仕事もうまく進むと思います。

そうすれば、後悔することも少ないでしょう。

「いい人」になろうとすると、後悔することが増える

◆無理をしてまで「いい人」になることはない

大きなストレスを溜めやすいタイプに、「いい人」がいます。

大人しく、また、自分の意見をズバズバ言うタイプではありません。

友人たちの言うことに、いつも従順に従っていく、といったタイプです。

たとえば、友人たちとの関係で、相手から頼まれ事をされた時、ほとんどのことを「いいですよ」と受け入れてしまいます。

ちょっと無理なお願い事でも、内心ではイヤだと思うようなことであっても、笑顔で受け入れてしまうことが多いのです。

このようなタイプは、表面的には穏《おだ》やかな顔をしているのですが、内心ではストレスを溜め込んでいることがあるのです。

というのも、言いたいことを言わず、イヤなことをイヤだと伝えないためにうっ憤《ぷん》や不満が大きなストレスになって心に溜まっていくからです。

そのために、「あんな人と友だちになるんじゃなかった」だとか、「あんな人たちしかいない、こんな学校に入るんじゃなかった」と後悔するようになります。

この感情がエスカレートしていけば、「生まれてくるんじゃなかった」と、生きていることと自体を後悔することにもなりかねません。

そういう意味から言えば、**無理をしてまで「いい人」になる必要はない**のです。

周りにいる友人たちには、**言いたいことは言い、イヤなことを明確に伝えていく**ことも**たまには必要です。**

おだやかな、上手な言い方をすれば、そのために友人との関係がおかしくなることはありません。

むしろ相互理解が一層深まっていくのではないでしょうか。

その結果、友人たちと「より良い関係」を築いていけるのです。

そして、自分自身も余計なストレスを溜めずに済むのです。

第5章
上手に開き直れる人は、後悔しない

いい意味で開き直ることで、気持ちが楽になる

◆開き直れば、気持ちが前向きになっていく

「後悔する」ということは、心のエネルギーを無駄遣《むだづか》いしてしまいがちです。

もう取り返しのつかない過去のことを、「あの時、ああすればよかった。こう判断しておけばよかった」と、いつまでもクヨクヨと後悔してしまえば、それだけ心のエネルギーを無駄なことに使い、未来に向かって前向きに生きていこうという意欲がどんどん奪われていってしまうのです。

したがって、**できるだけ早く後悔という気持ちを断ち切って、気持ちをポジティブな方向へと切り替えていく**ことが大切です。

では、どのようにして気持ちを切り替えるかと言えば、その方法の一つに、**「上手に開き直る」**という方法があります。

ある若い女性には、次のような経験があります。

ある時、つき合っていた恋人が浮気をしていることが発覚したのです。

そのために、その恋人との関係が悪くなって、結局は、別れることになりました。

その後、彼女は、「どうしてあんな男とつき合ってしまったのだろう」と、後悔の日々を送っていたのです。

できれば、その男とつき合っていた事実を消し去ってしまいたいくらいでした。しかし、事実を消し去ることはできません。

そこで彼女は開き直ることにしたのです。

「あんなひどい男とつき合った事実は消せないが、結婚までいかなくてよかった。それだけでも幸せだ。おかげで『男を見る目』が養われた。今後は、もっといい男性とめぐり会えて、幸せな結婚ができるだろう」と、開き直って考えるようにしたのです。

その結果、気持ちが楽になったと言います。

その結果、後悔の感情を振り払って、前向きに生きていけるようになったのです。

上手に開き直れば、スランプから抜け出すのも早い

◆うまくいかない時は、「なるようになる」と考える

「開き直る」というと、悪い意味にとられる場合もあるようです。

この言葉には、「物事を放棄する」「責任を逃れる」といった意味もあるからです。

しかし、「開き直る」ということは必ずしも悪いことではありません。

特に、後悔の感情にとらわれて、そこからなかなか抜け出せずに困っているという時には、いい意味で開き直ってしまうほうがいい場合もあります。

開き直ることで気持ちが楽になって、後悔の感情から離れることができるからです。

そうなれば、ふたたび気持ちが前向きになってくるのです。

あるバスケットボールのプロ選手も、**「なかなか活躍できない時には、開き直ることにしている」**と言います。

「いくら一生懸命に練習しても、試合でがんばっても、なかなか活躍できないことがある。

それどころか、つまらないミスをして、チームメートの足を引っ張ってしまうこともある。

そんな時は、練習の仕方が悪かったのか、試合で、どうしてあんなプレーをしてしまったのだろう、と後悔してしまうことになる。

しかし、そんな後悔の念を次の試合にまで引きずってしまったら、その次の試合に集中できなくなり、またつまらないミスを繰り返すことになってしまう。

そこで、練習だけはしっかりして、後は、なるようになると考える。活躍できなくても、しょうがないと、開き直るようにしている」と。

その選手は、「開き直ることで、気持ちが楽になり、後悔の念を下手に引きずることもなくなった」と言います。また、「スランプにおちいることがあっても、そこから早く抜け出せるようになった」と言うのです。

この例のように、上手に開き直ることが、「後悔しない生き方」につながるのです。

うまくいかなかった時は、「誰がやってもダメなんだ」と考える

◆全力を尽くしても、うまくいかない時もある

堀場雅夫《ほりばまさお》（20～21世紀）という実業家がいます。

学生の頃にベンチャー企業を立ち上げて、その後、堀場製作所を創業しました。この会社は中小企業ながらユニークな技術開発によって、世界的に事業を広げていったのです。

この堀場雅夫は、次のように述べました。

「尽くすべき手を尽くしたら、『自分はやるだけのことはやった。これだけやったんだから必ず成功する』と思えばいいのである。そう思える仕事をしたときは爽《そう》快な気分になれるものだ。一方で、『これだけやってもダメなら誰がやってもダメさ』という開き直りの気持ちでいればいい」と。

まず第一に大切なことは、「自分のベストを尽くしてチャレンジする」ということです。

全力を出し切れば、それだけで心には自信と満足感が生まれます。

それは「必ず成功する」という自信であり、また、「爽快な気分」という満足感です。

しかし、それだけ自信と満足感がありながら、仕事や人生では「うまくいかなかった。ダメだった」という時もあるのです。

そのような時は、自信と満足感が大きかった分、精神的なショックも大きくなります。「うまくいかないなら、初めから、一生懸命にやるんじゃなかった」という後悔の念にも苦しむことになるでしょう。

しかし、そんな時も、堀場雅夫は、「これだけやってもダメなら、誰がやってもダメだ」と、開き直るというのです。

そのように開き直ることで、精神的なショックや後悔を引きずらずに、上手に気持ちを切り替えて、次の仕事へ向かってまた全力で取り組んでいける、ということだと思います。

これも、「上手に開き直る方法」の一つとして参考になると思います。

「これは天命なのだから、しょうがない」と開き直る

◆人生には、がんばっても、いい結果が出ない時もある

「人事を尽くして、天命を待つ」という言葉があります。

中国の儒学者である胡寅《こいん》（11～12世紀）が『読史管見《とくしかんけん》』という書物の中で述べた言葉が元になっている格言です。

その意味は、「人間ができることを精一杯やって、その上で、どのような結果が出るかは天命に任せるのがいい。結果について、気を揉《も》んだり、焦ったりすることはない」というものです。

この言葉は、言い換えれば、**「物事の結果というものは、最終的には『天命』が決めるものであって、自分の力ではどうすることもできないものだ」**ということも物語っています。

自分にできることは、とにかく、いい結果を求めて一生懸命に努力するということなのです。しかし、どのような結果が出るかは、自分では決められません。

もちろん、努力が報われて、いい結果が出ることもあるでしょう。

しかし、一生懸命努力したとしても、いい結果が出ない時もあるのです。

たとえば、一生懸命受験勉強したとしても、希望していた大学に合格できない場合もあるでしょう。

仕事で、人の何倍も努力したのにも関わらず、思ったような利益が出ない場合もあります。

その結果、やる気を持って進めていた事業であったのに、途中で中止になってしまうこともあるのです。

そのような時、当然、本人とすれば落ち込むし、色々な後悔に苦しめられることにもなると思います。しかし、そこで、**「これは天命なのだから、しょうがない」**と、上手に開き直ることが大切です。

開き直ってこそ、気持ちを切り替えて、ふたたび前向きに生きていけるのです。

実力が足りなかった時は、上手に開き直ってしまうのがいい

◆「結果を得られなくて、むしろ良かった」と開き直る

イソップ物語に、『すっぱいブドウ』という話があります。

腹をすかせた一匹のキツネが、何か食べ物はないかと探しながら、森の中をさ迷い歩いていました。

すると、美味しそうなブドウが実った木を見つけました。

キツネはブドウの根本に立つと、前足を伸ばしました。

しかし、ブドウは高いところにあって、前足は届きませんでした。

そのキツネは一生懸命に飛び上がりましたが、やはりブドウに届きませんでした。

結局、キツネはあきらめるしかありませんでした。

そこで、そのキツネは、

「このブドウは、すっぱいブドウなんだ。取ってもどうせ食べられなかったんだ」と言い残して、その場を立ち去っていきました。

この話も、「いい意味で開き直る方法」を示しているように思います。

人間には、いくら努力しても、いい結果を得られない時があります。

イソップ物語のキツネが、いくら飛び上がってもブドウに届かなかったようにです。

そのような時には、**「望んでいた結果を得られなかったほうが、むしろ良かったんだ」と、いい意味で開き直ってしまう**ほうが、イヤな思いを残すことはないのです。

このキツネが、「すっぱいブドウだから、どうせ食べられなかった」と、開き直ってしまったようにです。

実際には、そのキツネはブドウを食べていないのです。ですから、すっぱいかどうかなどわからないのです。しかし、「すっぱいから、どうせ食べられなかった」と開き直ることで、「ブドウに届かなかった」という悔しい思いを自分の中で上手に消し去ることができたのです。

これも「後悔しない生き方」の参考になる話だと思います。

自分にとって悪い結果を、「むしろ良かった」と考えてみる

◆上手に開き直ることで、気持ちが整理される

ある若い男性には、次のような経験があります。

彼が勤める会社で、ある大きなプロジェクトが持ちあがりました。

彼は、そのプロジェクトに自分も参加したいと、上司に申し出ました。

しかし、その上司から、「君の実力ではまだ無理だ」と拒《こば》まれてしまったのです。

彼は悔しい思いで一杯になりました。

そして、「私のようなやる気のある若手社員に理解のない、こんな会社に入るんじゃなかった」と後悔しました。

そのために仕事への意欲も失いかけてしまったのですが、しかし、そこで開き直ることにしました。

彼は、「あのプロジェクトに参加したら、とんでもない苦労を背負わされることになったかもしれない。そういう意味では、あのプロジェクトに参加しなかったのは、私の人生にとってはむしろ良かったことだ」と、開き直って考えたのです。

すると気持ちが楽になって、「とにかく今は自分に与えられている仕事にまじめに取り組んで、実力を養っていこう」と、前向きに考えられるようになったのです。

この話などは、イソップ物語の『すっぱいブドウ』が示す考え方と同様だと思います。

自分の実力が足りなかったために、望むような結果が得られなかった時、その本人は悔しい思いで一杯になります。

しかし、そのままでは、目が前に向いていきません。そして、それまでの自分の生き方を悔やんでばかりいることになるでしょう。

そこで、**望んでいた結果が得られなかったことも、「むしろ良かった」と開き直って考えてみる**のです。

そうすることで、気持ちが整理されて、前向きに生きていくきっかけを得られるのです。

完璧主義をなくせば、後悔することもなくなる

◆「しょうがない」と割り切って、前へ進んでいく

完璧主義の人は、後悔するという感情をいつまでも引っ張りやすいようです。

このタイプの人は、何事であれ、100パーセント満足がいくように仕上げないと気がおさまりません。

ちょっとでも満足できない点があると、

「ここは、こうすべきだった」

「準備が足りなかった」

「あの時、考え直すべきだった」

「初めから、やらなければよかった」

などと後悔してしまうのです。

そして、往々にして、後悔の感情をいつまでも引きずってしまいがちなのです。

そのために、仕事でも勉強でも、イヤになって途中で投げ出してしまうこともあります。

がんばっていこうという意欲を失って、まったくやる気がない人間になってしまうこともあるのです。

そういう意味では、**完璧主義におちいらないように注意する**必要があります。

少々、満足がいかないところがあったとしても、「このくらいは、しょうがない」と開き直って、「それよりも、前へ進もう」と考えるほうがいいのです。

そのほうが、今よりもずっと楽な気持ちで生きていけると思います。

その結果、後悔という感情に振り回されることなく、前向きな気持ちで「これからどうすれば幸福になれるか」ということを考えられるようになるのです。

完璧主義の人は、過去のことばかり後悔してしまいがちです。

いい意味で開き直ることで、その後悔という感情を断ち切ることができれば、自然に心が未来へ向いていくのです。

「開き直る」とは、「心を開き、心を直す」ということ

◆心を開いて「良い面」を見つけ、心を素直にする

「開き直る」という言葉は、ある意味、**「心を開き、心を直す」**ことだと思います。

この「心を開く」とは、後悔という感情にがんじがらめにされている心を解放してあげる、という意味です。

また、ネガティブな考えばかりにとらわれていることをやめて、もっと広い心でものを考えるようにする、ということです。

そうやって、たとえ事態が思い通りにならなかったとしても、そのことにも自分の人生にとって「良い面」があるということに気づくことが大切です。

一方、「心を直す」とは、言い換えれば、素直になる、という意味です。

後悔という感情で歪《ゆが》んでしまっていた心を、ふたたび、素直にものを考えられる状

態に直すのです。

暗くなっていた心を、明るい状態に直すのです。

落ち込んでいた心を、前向きな状態に直すのです。

そういう意味から言えば、**「開き直る」ということは決して悪いことではない**のです。

人生には、「思い通りにならないこと」がたくさんあります。

たとえば、仕事選びを「間違った」と、後になって悔やむこともあると思います。

また、自分が決断したことで、悪い状況に追い込まれてしまって、後悔することもあると思います。

自分で商売を始めたけれども失敗し、借金を背負い込む形になって、後悔している人もいるかもしれません。

しかし、そのような経験にも、いい勉強をしたという「良い面」があるのです。

その**「良い面」は、「開き直る」ということで見つかる場合もある**のです。

そして「良い面」が見つかれば、そこから前向きに生きていくことが可能です。

一度死んだつもりで、人生をやり直してみる

◆辛い経験をした時点で、「私は一度死んだ」と考えてみる

禅の言葉に、**「大死底《だいしてい》の人」**というものがあります。

禅の言葉ですから難解な、抽象的な意味があるのですが、ここではわかりやすく説明します。

この「大死底の人」とは、つまり、「完全に死に切った人」という意味です。

ただし「死に切った」とは言っても、肉体的に死ぬことではありません。

これは、「精神的に死ぬ」ということです。

そして、「精神的に死ぬ」とは、心にまとわりつく後悔や、悩みや、悲しみ、辛さといったネガティブな感情を一度すべて消し去って、心をまっさらな状態にする、ということなのです。

つまり、**雑念を捨て無心になる**、ということです。

よく「一度死んだつもりになって、やり直す」と言いますが、つまり、この禅語は、そういう意味のことを述べているのです。

たとえば、自分で始めた事業で失敗し、無一文《むいちもん》になってしまったとします。

あるいは、離婚をして一人暮らしになり、精神的にボロボロになったとします。

もちろん自分の決断や行動を後悔する気持ちに苦しむことになるでしょう。

そんな時は、事業を失敗した、あるいは、離婚をした時点で、**「私は一度死んだんだ」と開き直って考えてみる**のです。

これが、気持ちを切り替える、一つのきっかけになります。

こう考えると、少しずつですが、心にまとわりついていた後悔や悩みといったネガティブな感情が消えていくのです。

やがて、「前向きな気持ちになって、人生をやり直そう」という意欲もわき出してくるのです。

人間は本来「何も持っていない」存在だと理解する

◆「裸一貫でやり直す」と考える

人間には、失敗や不注意で、「持っていたものを失ってしまう」ということがあります。

たとえば、会社の仕事で失敗し、地位を失って左遷《させん》されてしまう、ということがあります。

また、自分で始めた商売に失敗して、それまでコツコツ貯めてきたお金をすべて失ってしまう、ということもあるでしょう。

不注意から、大切なものをなくしてしまう、ということもあるかもしれません。

そして、そのような時は、「どうして失敗などしてしまったのか。どうして注意していなかったのか」と、後悔することもあります。

しかし、いくら後悔したからといって、失ったものは戻ってきません。

こういう場合は、上手に開き直って、前向きに生きていくしかないのです。

禅の言葉に、**「本来無一物《ほんらいむいちもつ》」**というものがあります。

この言葉には、**「人間は本来、何も持っていない。何も持たないまま、裸でこの世に生まれ出てきた」**という意味があります。

つまり、本来は、地位など持っていなかったのです。

また、お金など持ってはいなかったのです。

物も何一つ持ってはいませんでした。

何一つ持たない「無」の状態で生まれてきたのです。

ですから、**地位やお金、あるいは物を失うことがあっても、「生まれてきた時の状態に戻っただけだ」と、いい意味で開き直ってしまえばいい**のです。

そう考えることによって、気持ちが前向きになっていきます。

「裸一貫《はだかいっかん》になって、またやり直そう」という気持ちにもなってくるのです。

「本来無一物」という禅語は、そういう意味のことを示しているのです。

年齢を重ねるにつれて、人間は「丸く」なっていく

◆人間性が円熟するのは、年齢を重ねる良い面である

禅の言葉に**「閑古錐《かんこすい》」**という言葉があります。

この言葉にある「錐《すい》」は、「きり」とも読みますが、先がとがった鋭い刃物で木材などに穴を開ける道具のことです。

そして「閑古《かんこ》」とは、「古くなって使い物にならなくなった」という意味を表しています。

つまり、「閑古錐」とは、**「古くなって使い物にならなくなった錐《きり》」**という意味なのです。

人間も年齢を重ねるうちに、「考え方などが古くなって、使い物にならなくなる」ということがあります。

ただし、この「閑古錐」という禅語には、もう少し深い意味があります。錐《きり》は、使い込んで古くなるにしたがって、鋭かった刃先が丸くなってきます。これと同様に、人間も、年齢を重ねていくにしたがって、「精神的に丸くなる」のです。

「精神的に丸くなる」とは、つまり、人間的に円熟してくる、ということです。

そういう意味では、**「年齢を重ねる」ということには良い面がある**のです。

よく、定年退職した人が、「私はもう社会のために役に立たない存在になった。若い頃にもっと勉強しておけば、もう少し社会のためにがんばれたかもしれない」と、後悔するようなことを言うことがあります。

しかし、あまり悲観的な気持ちになることはないのです。

人間が年齢を重ねていくことには抵抗はできません。それは「しょうがないことだ」と上手に開き直って、その後は「円熟した人間性」を社会のために役立てる方法はあると思います。たとえば、ボランティアで地域のために尽くす、といったことです。

そうすれば、「若い頃に～」などと後悔することはなくなると思います。

年齢を重ねても前向きに生きていけます。

郵便はがき

料金受取人払郵便

豊島局承認

5166

差出有効期間
2020年10月
31日まで

●上記期限まで
切手不要です。

170-8790

333

東京都豊島区高田3-10-11

自由国民社

愛読者カード 係 行

住所	〒□□□-□□□□ 都道府県 市郡(区)			
	アパート・マンション等、名称・部屋番号もお書きください。			
氏名	フリガナ	電話	市外局番 (市内局番) 番号	
		年齢	歳	男・女
E-mail				

どちらでお求めいただけましたか?

書店名 ( )

インターネット 1. アマゾン 2. 楽天 3. セブン&アイ
4. 自由国民社ホームページから
5. その他 ( )

ご記入いただいたご住所等の個人情報は、自由国民社からの各種ご案内・連絡・お知らせにのみ利用いたします。いかなる第三者に個人情報を提供することはございません。

『後悔しないコツ　心がいつも前を向く95のことば』を
ご購読いただき、誠にありがとうございました。
下記のアンケートにお答えいただければ幸いです。

●本書を、どのようにしてお知りになりましたか。

■新聞広告で（紙名　　　　　　新聞）
■書店で実物を見て（書店名　　　　　　）
■インターネットで（サイト名　　　　　　）
■人にすすめられて　■その他

●本書のご感想をお聞かせください。

※お客様のコメントを新聞広告等でご紹介してもよろしいですか？
（お名前は掲載いたしません）■はい　■いいえ

ご協力いただき、誠にありがとうございました。
お客様の個人情報ならびにご意見・ご感想を、
許可なく編集・営業資料以外に使用することはございません。

第6章
「今」という時間を大切にして生きていく

今に集中することで、過去への後悔を消し去っていく

◆今やるべきことは何か考え、それを実践していく

「あんなことをするんじゃなかった」

「どうして、こんな選択をしてしまったんだろう」

と、すでに過ぎ去った過去のことばかり後悔している人がいます。

しかし、いくら後悔しても、明るい未来はやってはきません。

過去のことばかりに心を奪われていたら、幸福な未来はやってこないのです。

まずは、今やるべきことに集中するのが良いと思います。

無心になって、今やるべきことに気持ちを集中するのです。

そうやって、過去のことを少しずつ頭から追い出していくと、後悔の念は消えていきます。

仏教の創始者であるブッダ（紀元前４〜５世紀）は、

「過去はすでに捨てられた。未来はまだやってこない。だから現在のことがらを、現在においてよく観察し、揺らぐことなく、動じることなく、よく見きわめて実践するのがいい（意訳）」と述べました。

この言葉にある「過去はすでに捨てられた」とは、言い換えれば、「過去はもう戻ってはこない」ということです。

ふたたび過去に戻っていって、やり直すことはできないのです。

したがって、現在のことがらを、現在においてよく観察し、よく見きわめて実践するのがいいのです。

「今自分がやるべきことは何かをよく考えて、そして、それを実践していくことに集中する」ということです。

そして、「揺らぐことなく、動じることなく」とは、「過去のことを悔いたり、落ち込んだり、悩んだりすることなく、強い心を持って」という意味です。

そのようにして、今、現在に、心を集中することで、過去を後悔する気持ちが消え去っていくのです。

「明日死ぬ運命にある」と想像して、今日という日を大切にする

◆「今日一日を幸せにするには、何をすればいいか」を考える

ブッダは、**「ただ今日なすべきことを熱心にする。明日、死ぬ運命にあるのかもしれないのだから**（意訳）」と述べました。

人間の運命は、明日どうなるかわかりません。

どんなに元気に暮らしている人であっても、もしかしたら明日死んでしまうかもしれないのです。

もしそうだとすれば、誰もが「今日という日を精一杯生きたい」という思いにかられるに違いありません。

「過去のことを後悔している暇なんてない。今日という日を大切にして、やりたいことをやろう」という気持ちになると思います。

そういう意味で、心のどこかに、**「もしかしたら明日死ぬことになるかもしれない」という「最後心《さいごしん》」の意識を持つ**ことも良い方法なのです。

そのような意識を持つことで、過去を後悔する気持ちを断ち切ることができるからです。

つまり、今日という日に集中して生きていくことができるのです。

幸福な人生を実現するためには、まずは「今日という一日を幸福に生きる」ということが基本になってきます。

「幸福な一日」の積み重ねが、幸福な人生を築きあげていくのです。

したがって、もっとも重要なのは、今日という日をどう生きるか、ということです。

過去のことを後悔してクヨクヨしているようでは、今日という日を幸福なものにはできないでしょう。

まずは、「今日という日を幸せにするには、今日、何をすればいいのだろう」と考えてみることが大切です。

そして、**それが見つかったら、全力でそのことを実践すれば良い**のです。

吹っ切れない後悔を吹っ切るための方法とは？

◆「今日が人生最後の日」という意識を持つ

パソコンやスマートフォンのメーカーとして有名なアップルの創業者であるスティーブ・ジョブズ（20～21世紀）は、**「もし今日が人生最後の日だとしたら、今日これからやろうとしていることをやりたいだろうか」**と述べました。

この言葉にある「今日これからやろうとしていることをやりたいだろうか」とは、ちょっと回りくどい言い方ですが、要は、

「自分が今日、心からやりたいと思っていることは何か。今日が人生最後の日だとしたら、何をするべきか」

ということを問うていると思います。

もし今日が人生最後の日だとすれば、グズグズなどしていられないはずです。

過去のことをクヨクヨと悔やんでいる暇などないはずです。

今日という日に自分がやりたいことを思い残すことなく精一杯やって、今日という日を充実したものにしたい、と思うはずです。

実際に、スティーブ・ジョブズは、そのように「今日が人生最後の日になる」という意識を持って、一日一日を大切にしていたと思います。

そして、独創的な商品を開発し、世界的に有名な実業家になっていったのでしょう。

「過去を後悔する気持ちを、なかなか吹っ切れない」と言う人がいるかもしれません。

「吹っ切りたい。吹っ切ろう」と思いながら、ついつい過去のことを思い出してしまう、という人もいるかもしれません。

そのような人は、**「今日が人生最後の日になる」という意識を持ってみる**のも、そのような根強い後悔の念を吹っ切るための一つの方法になると思います。

「今日が人生最後の日」と考えてみることで一日一日が充実してきます。

それは、人生を幸福に導くための有効な方法の一つにもなるのです。

長期的な夢を持ちながら、「今日が最後の日」と思って生きる

◆夢を持ち、その実現のために一日一日を大切にする

1950年代のアメリカ映画界で一世を風靡《ふうび》し、日本でも大人気だった映画俳優にジェームス・ディーン（20世紀）がいます。

彼は、**「永遠に生きるが如《ごと》く夢を見る。一方で、今日死んでしまうが如く生きる」**と述べました。

人が充実した人生、幸福な人生を築いていくためには、「夢を持つ」ということはとても大切です。

夢を持つことが生きることを楽しくし、また生きがいをもたらしてくれます。

「十年後には、こんな自分になっていたい」

「二十年後には、こんなことを成し遂げたい」

という夢を持って生きるのです。

ジェームス・ディーンは、「永遠に生きるが如く夢を見る」と言いました。

これは、言い換えれば、「長期的な、大きな夢を持つ」ということだと思います。

長い年月をかけて達成するような、大きな夢を持てば持つほど、大きな生きがいを持てる、熱い意欲を持って生きていける、ということだと思います。

しかし、一方で、ジェームス・ディーンは、「今日死んでしまうが如く生きる」とも言っています。

これは、言い換えれば、「明日という日はない。自分に残されているのは今日という日しかない、という意識を持って、一日一日を大切にして生きていくことが大切だ」ということを指摘していると思います。

要約して言えば、**「長期的な夢を持ちながら、一日一日を悔いを残すことなく精一杯生きていく」**ということです。

このジェームス・ディーンの言葉も「後悔しない生き方」を考える上で参考になると思います。

また、すばらしい人生を築いていく上でヒントを与えてくれる言葉でしょう。

「～たら」と後悔するのは、「妄想」にすぎない

◆過去の「妄想」に振り回されずに生きる

禅の言葉に、**「莫妄想《まくもうそう》」**というものがあります。

「莫《まく》」には、「～しない」という意味があります。

つまり、この禅語は、**「妄想しない」**ということを意味しているのです。

過去への後悔を引きずっている人は、よく、

「あの時、あんな決断をしていなかったら、私はもっと幸せになれた」

「あの頃、もっとしっかりと生きていれば、今、こんなミジメな状態ではなかったはずだ」などと言います。

しかし、その「～たら」という考えは、実は、「妄想」にすぎません。

「あんな決断をしていなかったら」とは言っても、その結果、本当に、「自分はもっ

と幸せになれた」のかどうかなど、誰にもわからないことなのです。

もしかしたら、今以上に不幸になっていたかもしれないのです。

「もっとしっかりと生きていれば」とは言っても、その結果どうなったかもわかりません。

現在とあまり変わらない生活を送っていたかもしれません。

そういう意味で言えば、「～たら」という考えは、すべて本人が頭の中で作り上げた「妄想」にすぎないのです。

そんな妄想に振り回されて、ムダな時間を過ごしてしまうことは、自分の人生にとって愚かなことだと思います。

したがって「莫妄想」、つまり**「妄想しない」と心がけていく**のが賢明です。

過去のことなどに惑わされずに、これから幸せになるためには、どうすればいいかを考えるほうが得策です。

したがって、「～たら」と考えるのではなく、今からどう生きるかを考えることが大切です。

「而今《にこん》」というトレーニングを生活の中で行う

◆仕事の時は仕事だけに、食事の時は食事だけに集中する

禅の言葉に、「而今《にこん》」というものがあります。

この言葉にある「而《に》」には、「そうして」といった意味がありますが、ここでは重要な意味はあまりありません。

この言葉で重要なのは、「今《こん》」です。

つまり、「而今」とは、**「今に集中して生きることが大切だ」**ということを意味しているのです。

曹洞宗《そうとうしゅう》の開祖である道元《どうげん》は、みずからが書いた『正法眼蔵《しょうぼうげんぞう》』という書物の中で、この「而今」という言葉を用いて、**「とにかく今に集中して生きることが大切だ」**と述べました。

禅では、座禅をしている時には、座禅をすることだけに集中するように心がけます。同様に、禅の修行の一つとして掃除をしている時には、掃除をすることだけに集中します。

食事をしている時も、食事をすることだけに集中します。

お茶を飲む時には、お茶を飲むことだけに集中します。

そのように**「今に集中する」というトレーニングを日々実践していくことで、後悔や悩みというネガティブな感情に振り回されない「動じない心」を作っていく**のです。

一般の人たちも、このように「今に集中する」というトレーニングを日々の生活の中で意識して行っていくといいと思います。

仕事をしている時は、その仕事にだけ集中します。

つまり、食事をしながら仕事のことを考えたり、パソコンで作業しながらサンドイッチを食べる、といったことをしないようにするのです。

このように「今に集中する」というトレーニングを積み重ねていくことも、「後悔のない生き方」につながります。

過去や未来を見ずに、「今」だけを見て生きていく

◆現状を改善するために「今やるべきこと」を考える

曹洞宗《そうとうしゅう》の開祖である道元《どうげん》は、次のような話をしました。

たとえば、今、薪《まき》を見ているとします。

その時、人は、その薪は燃やされて、やがて灰《はい》になることを知っています。

しかし、それは「頭の中で知っている」ということにすぎないのであって、今見ているのは薪なのです。炎《ほのお》や灰を見ているわけではありません。

また、今、薪が燃えているところを見ているとします。

その時、人は、これは薪が燃やされ、やがて灰になることを知っていますが、それは頭でそう理解しているだけで、今見ているのは炎だけなのです。

薪や灰を見ているわけではありません。

さらに、今、灰を見ているとします。

その時、人は、これは薪が燃やされて灰になったと理解するのですが、今見ているのは灰だけなのです。

薪や炎を見ているわけではありません。

つまり、この道元の話は、**過去や未来に惑わされるのではなく、「今目に見えているもの」、つまり「今やっていること」「今やるべきこと」だけに意識を集中して専念していくことが大切だ**、ということを指摘しているのです。

人は、「過去にこういうことをしたから、今こういう満足できない状況にいる」と後悔し、そして、「今満足できない状況にいるから、幸福な将来も望めないだろう」と悲観的な気持ちになります。

しかし、「過去にこういうことをしたから～」とか、「幸福な将来も望めないだろう」といった余計なことは考えずに、**「今満足できない状況にいる」のであれば、その現状を直視し、その状況を改善するために「今やるべきこと」にだけ専念していく**ことが重要なのです。

「今」を疎《おろそ》かにしている人は、後々悔やむことになる

◆「今」何をしているかが大切になる

以前、「今でしょ！」という流行語がありました。

元受験予備校の講師だった人物が、テレビコマーシャルで言っていたフレーズですが、それが全国的な流行語になりました。

行動を起こすのであれば、「今が大切だ」ということを意味する言葉です。

たとえばある人が、新聞に、あるツアー旅行の広告が載っているのを見つけたとします。そして、そのツアー旅行に参加したいという気持ちを持ったのですが、「後で申し込めばいい」と先延ばしにしてしまいました。

すると、その間に、そのツアーが満席になっていたのです。

そのために、その人は「あの時、すぐにツアー旅行を申し込んでおけばよかった」

と後悔しました。

ですから、そのような場合も、大切なのは「今でしょ！」ということなのです。参加したいと思った時に、すぐに申し込んでおけば、後で悔やむこともなかったのです。

これは、ツアー旅行の申し込みに限らず、人生全般について言えることではないかと思います。

「今でしょ！」とは、言い換えれば、**「今、行動する。今、決断することが大切だ」**という意味にもなると思います。

誰でもが、「夢を叶《かな》えたい」「幸せな人生を築きたい」という願いを持っています。

そして、きっと、そのために何をするべきか、ということも理解していると思います。それなのに、そのための行動や決断を「後でいい」と先送りしてしまう人も多いのです。

大切なのは「今、行動する」ということです。

この「今」を先送りしていては、後々になって「あの時、こうしておけば」と後悔するだけで終わってしまうのです。

「こんにちは」という挨拶《あいさつ》に「今日を大切に」という思いをこめる

◆「こんにちは」の語源から「後悔しない生き方」を学ぶ

「こんにちは」という言葉があります。

昼に挨拶《あいさつ》をかわす時の言葉です。

「こんにちは」は、漢字で書くと、「今日は」になります。

この言葉の語源は、「今日《こんにち》は、ご機嫌《きげん》いかがですか」「今日《こんにち》は、どうですか」「今日《こんにち》は、がんばっていますか」などという、相手に投げかける問いが短縮された形だと言われています。

この挨拶の言葉は、言い換えれば、「今日という日を大切にして生きていますか」という問いかけだと思います。

「今日という日を、ご機嫌な気分で生きるために、今日という日を大切にして生きていますか？」という問いかけです。

「今日という日をボンヤリとして生きていませんか？　今日やるべきことを、ちゃんとやっていますか？」と問いかけているようにも思います。

「今日という日を大切にしていますか？　今日できることを精一杯やっていますか」と問いかけているように思います。

そういう意味で言えば、**日常生活の中で、誰かから「こんにちは」と声をかけられた時は、**

「私は、今日という日を大切にしているだろうか？」と、みずから反省し、

「今日という日を精一杯生きよう」

と、自分の思いを改める良い機会にしてもいいと思います。

また、**自分から誰かに「こんにちは」と声をかける時も、自分自身が、**

「私も、今日一日をしっかり生きよう」

と、気持ちを新たにするきっかけにしてもいいと思います。

これも、「後悔しない生き方」につながります。

人生はアッという間に過ぎ去る、だから今を大切にする

◆「生死事大、無常迅速」と、心に刻む

禅の言葉に、**「生死事大《しょうじじだい》、無常迅速《むじょうじんそく》」**というものがあります。

この「生死事大」の「生死《しょうじ》」とは、「生まれてきて、そして死ぬこと」ということです。

つまり、「人の一生」を指す言葉です。

したがって、「生死事大」とは、**「自分の一生をどのようにして生きるかということは、非常に重大なことだ」**ということを意味しているのです。

一方で、「無常迅速」の「無常《むじょう》」とは、「永遠に続くものはない」ということです。

ここでは、**「人の一生は、永遠には続かない。人生には、いずれ終わりが来る」**とい

うことを意味しているのです。

また、「迅速《じんそく》」には、**「アッという間に過ぎ去っていく」**という意味があります。人間にとって、「いかに生きるか」ということを考え、より充実した人生のために精一杯努力していくことは非常に大切なことです。

しかしながら、時間というものはアッという間に過ぎ去っていきます。ボヤボヤしていたら、人生はアッという間に過ぎ去ってしまうのです。したがって、今という時間を大切にしていかなければならないのです。

結局、この「生死事大、無常迅速」という禅語も、今という時間を大切にしていくということがいかに重要かということを指摘するものなのです。

そして、それが「後悔しない生き方」につながる、ということなのです。やるべきことがあるのに、先延ばしにしたり、ボンヤリしていたら、時間はアッという間に過ぎ去ってしまうのです。

時間は取り返しがつかない、だから時間が貴重である

◆時間は、お金よりもずっと貴重なものである

お金は、なくなっても、健康であれば、またがんばって働いて収入や貯蓄を増やしていくことができるでしょう。

もしも無駄遣《むだづか》いして後悔することがあっても、その後反省してお金の使い方を節約すれば、無駄遣いした分を穴埋めすることもできるでしょう。

しかし、お金とは違って、「時間」は、そういうわけにはいかないのです。

時間というものは、どんどん減っていくばかりです。

お金のように、がんばったからといって、増えていくことはありません。

たとえば、一日は二十四時間です。

これが、がんばったからといって、一日が三十時間や四十時間に増えていくわけで

はありません。

時間の経過とともに、一時間減り、またもう一時間減りと、一方的に減っていくばかりなのです。

また、時間を無駄遣いしてしまえば、その無駄遣いした時間はもうふたたび取り戻すことはできません。穴埋めすることはできないのです。

たとえば、今日という日をボンヤリと無駄に使ってしまったとします。

そうなれば、今日という日の朝に戻って、もう一度今日という日をやり直すことはできないのです。

それだけ時間というものは、「取り返しがつかないもの」なのです。

「今日、ボンヤリと過ごすんじゃなかった」と後悔しても、その今日という時間はもう取り返しがきかないのです。

そういう意味では、**「時間」というものは、「お金」以上に貴重なものである**と言えるかもしれません。

貴重な時間を大切にしていくことが、「後悔しない生き方」につながります。

第7章
嫌な出来事にも、「ありがたい」と感謝する

人生では、すべてのことが「貴重な経験」となる

◆失敗から学んで、失敗からはい上がる

人が人生で経験することは、すべてが「価値ある経験」と言えるのではないでしょうか。

良いことはもちろん、悪いことであっても、「貴重な経験」になるのです。

銀行経営者として活躍し、経済同友会など経済団体の役職も務めた人物に、工藤《くどう》昭四郎《しょうしろう》（19～20世紀）がいます。

彼は、「**若い時は、血の気が多いのはやむを得ない。場合によっては、足を踏み外して落ち込んでみることも、貴重な経験であろう。だが、それが貴重になるか、愚かになるかは、はい上がる時に何をつかんでくるかにある**」と述べました。

若い時には、誰でもが「よし、やってやるぞ」と、血気《けっき》が盛んなのではないでしょ

うか。

「血気が盛ん」とは、つまり、「熱いエネルギーにあふれている」ということです。

そのために、若い人は、時として、勢い余って大きな失敗をすることもあります。

その時は、本人とすれば、「とんでもないことをしてしまった」と、後悔することもあると思います。

しかし、そんな「大きな失敗をする」ということも、また、その本人にとっては「貴重な経験」になるのです。

言い換えれば、その失敗を貴重な経験として、**「この失敗から何か学んで、次のチャンスに生かそう」**という意識があれば、そこから「何かをつかんで、はい上がる」ということができます。

しかし、いつまでも、ただ後悔してばかりいるのでは、失敗からはい上がってくることはできません。

工藤昭四郎は、この言葉で、後悔ばかりしているのは、「愚かになる」ということだと指摘しているのです。

「失敗する」という経験に、「ありがとう」と感謝する

◆感謝する気持ちが、立ち直る前向きな意欲を作る

「失敗する」「挫折する」といったことは、その本人にとっては「貴重な経験」になります。

そういう意味では、「失敗する」「挫折する」といった経験にも、「ありがとう」と感謝する気持ちを持つことが大切だと思います。

「失敗や挫折をしたおかげで、勉強になることがたくさんあった。おかげで私は成長できた。そういう意味では、本当に、ありがたいことだ」という感謝の気持ちを持つのです。

感謝の気持ちほど、人の心を前向きにするものはありません。

「ありがとうございました」という感謝の気持ちを持てば、その本人の心が前向きに

なっていくのです。

したがって、「失敗する」「挫折する」といった経験に対しても、感謝する気持ちを持つことで、「この経験を乗り越えて、強く生きていこう」という前向きな意欲がわき上がってくるのです。

「バカなことをした」
「もう立ち直れない」
「何もしないでいればよかった」

と、後悔しているだけでは、このような前向きな気持ちが生まれてはこないのです。

「失敗する」「挫折する」といった経験は、もちろん、良い出来事ではありません。落ち込んだり、悩んだりしてしまうものだと思います。

しかし、そのようなネガティブな感情に流されたままでは、後悔の念から抜け出せないのです。

後悔の念から抜け出すためにも、**「失敗する」「挫折する」といった経験に「ありがとう」と感謝してみる**ことが大切です。

批判される経験を生かして、さらに意欲を高める

◆批判されても、自分がしたことを後悔する必要はない

世界的に有名なフランスの彫刻家に、オーギュスト・ロダン（19〜20世紀）がいます。

日本でも「考える人」や「地獄の門」などの作品で有名です。

このロダンは、**「経験を賢く生かすならば、何事も無駄ではない」**と述べました。

ロダンは、今では高い名声を得ていますが、生きていた頃は、一部の作品で批判を受けることもあったようです。

創作した作品が、世間の一般常識からかけ離れた、あまりにも個性的なものだったために、世間の人たちから受け入れられずに非難を受けたこともありました。

普通であれば、悪気はなかったことであっても、結果的に多くの人たちから非難を

受ければ、「こんなことするんじゃなかった」と後悔することになる場合が多いと思います。

しかし、ロダンは「私は自分の欲求に従って、個性的な作品を作った」という満足感があったために、後悔することはありませんでした。

また、ロダンには、この言葉にある通り、「経験を賢く生かすならば、何事も無駄ではない」という意識がありました。

「多くの人に批判される」という経験であっても、その経験を賢く生かして、さらに良い作品、さらに個性的な作品を作っていこうという知恵が、ロダンにはあったのです。

ですから、たとえ批判されるような経験でも、「何事も無駄ではない」と、ロダンは考えることができたのです。

むしろ、批判されることで、「さらに個性を発揮しよう」という意欲が高まるのであれば、それは感謝すべき経験だという意識がロダンにはあったと思います。

そんなロダンの生き方も、「後悔しない生き方」の参考になると思います。

批判されることで、反骨精神が燃えあがる生き方がいい

◆「批判されて、さらにやる気を増す」生き方をする

自分が「こんなことをすれば、すごいことになるんじゃないか」とやったことであっても、予想に反して周りの人たちから「常識はずれだ」「バカげている」などと批判されることがあります。

そんな批判をされると、「あんなこと、やらなければよかった」と後悔することになるかもしれません。

しかし、批判されるのを怖がって、何もしないでいたら、どうなるでしょうか。

それはそれで人から批判されることはないかもしれませんが、しかし後々になって「思い切って、やりたいことをやっておけばよかった」と後悔することになるのではないでしょうか。

そうならば、むしろ「批判されても、やりたいことをやる」ほうが、充実した生き方につながると思います。

アメリカの作家であるエルバート・ハバードは、「**他人に批判されたくないなら、何もやらず何も言わなければいい。しかし、それは生きていないのと同じではないか**」と述べました。

彼は、「批判されようがされまいが、自分がやりたいことに思い切ってチャレンジしてこそ、生きがいや、生きることの満足感を得られる」と言っているのです。

また、批判されることによって、反骨《はんこつ》精神が燃えあがって「やってやるぞ」という意欲がさらに高まることもあります。

「批判されて後悔する」のではなく、「批判されて、さらにやる気を増す」というような生き方をすることが大切です。

本当に心から「私には、やりたいことをやる」という気持ちがあれば、批判されることをそのように肯定的に受け取ることができると思います。

苦しい状況に感謝すると、成功のチャンスがめぐってくる

◆この世で起こることのすべてに「おかげさん」の気持ちを持つ

個性的な字を書く書家として、また、ユニークな詩を書く詩人として活躍した人物に、相田みつを（20世紀）がいます。彼は、

「『おかげさん』でないものは、この世に一ツもありません。みんな『おかげさん』で成り立っているんです」

と述べました。

この言葉にある「おかげさん」とは、「おかげさま」ということです。

「ありがとう」と同様に、感謝を表す言葉です。「おかげさまで、助かりました」といったような言い方をする時の、「おかげさま」です。

相田みつをは、この言葉で、感謝できないことは、「この世に一ツもありません」と

言っているのです。言い換えれば、人生で起こるすべてのことに「おかげさま」と感謝できる、ということです。

良いことはもちろん、悪い状況になっても、そのことに感謝することが大切です。

相田みつをは、書家として出発した当初、その書体がとても個性的だったために、世間の人たちからなかなか受け入れられなかったのです。

やがて、自分で作った詩を、自分で書にして発表するようになりましたが、その詩もとてもユニークなものだったので、やはり、世間の人たちからなかなか理解されませんでした。

そのために収入は少なく、貧乏な生活を送っていたようです。

しかし、そんな苦しい状況に対してさえ、相田みつをは「おかげさん」という感謝の気持ちを持っていたと思います。

ですから、個性に従った仕事をしてきたことを後悔することなく、精力的に仕事を続けられたと思います。

そして最終的には、書家、詩人として成功するチャンスをつかんだのです。

「神秘的な力で自分は守られている」と信じてみる

◆自分を守ってくれている「力」に感謝する

「おかげさま」という感謝の言葉があります。

この言葉は、漢字で書くと、「御陰様」となります。

この御陰様の、「陰《かげ》」という文字には、**「神仏の見えない力」**という意味が込められています。

「陰」は、実態はないのですが、昔の人は、そこには何かしらの神秘的な力が宿っているように感じていました。

そして、そこには、神様や仏様の神秘的な力が宿っていると考えたのです。

そして、この陰、つまり神様や仏様の神秘的な力によって自分たちは守られている、という信仰を持ったのです。

その感謝の気持ちを表す意味として、「おかげさま」という言葉が生まれました。したがって、日常生活の中で、「おかげさまで、助かりました」と言う時、その言葉は、自分を助けてくれた人への感謝であると同時に、自分を守ってくれている神様や仏様の神秘的な力への感謝の気持ちをも表しているのです。

このように、**自分がいつも「神様や仏様の神秘的な力に守られている」という気持ちを持つ**ことは、生きていく上でとても大切なことだと思います。

大きな失敗をして、後悔の気持ちで一杯になっている時であっても、神様や仏様の神秘的な力に守られていると考えるのです。

神社やお寺に行ったら、そんな神秘的な力に対して、「おかげさま」と感謝の気持ちを伝えてもいいと思います。

不思議に気持ちが明るくなり、また心身に力がみなぎってくるのを実感できるのではないでしょうか。

そして、後悔という感情を振り切ることもできると思います。

「生かされている」ということに感謝しながら生きる

◆「生かされている」という思いが、心の救いになる

日本画の画家、特に日本の美しい自然や町並みを描く画家として活躍した人物に、東《ひがし》山魁夷《やまかいい》（20世紀）がいます。

彼は、**「私は生かされている。野の草と同じである。**（略）**生かされているという宿命の中で、精一杯生きたいと思っている。精一杯生きるなどということは難しいことだが、生かされているという認識によって、いくらか救われる」**と述べました。

「野の草」は、一見自分の力によって生きているように見えて、実は、太陽の光や、空から降ってくる雨や、地中の栄養分など、多くの自然の恵みによって「生かされている」のです。

それと同じように、人間も、自分の力で生きているように見えながら、実は、周り

の人たちに支えられて、また、神仏の見えない力に守られて「生かされている」のです。

生きるということは、確かに苦しいことです。辛い経験もたくさんあります。失敗をして後悔の念にさいなまれることもあるでしょう。

しかしながら、生かされているという意識を持つことによって、「いくらか救われる」と、東山魁夷は述べているのです。

「いくらか救われる」とは、精神的に楽になって、「後悔していてもしょうがない。前向きに生きていこう」という意欲がわき出してくる、ということだと思います。

そういう意味では、人は**いつも「生かされている」という意識を持ちながら、周りの人たちや、あるいは自然の恵み、そして神仏の見えない力などに感謝しながら生きていく**ほうがいいと思います。

それが、失敗をすることがあったとしても、その後悔の念を引きずってしまわないためのコツになるのです。

常に「ありがとう」「おかげさまで」という感謝の気持ちを忘れないことが大切です。

#「自分の力」でなく、「周りの人の力」で生かされている

◆周りの人に感謝していると、助けてもらえる

仏教に、**「諸法無我《しょほうむが》」**という言葉があります。

この言葉は、非常に難解で色々な解釈ができるのですが、わかりやすく言えば、たとえば、次のような意味になると思います。

この言葉にある「諸法《しょほう》」には、**「生きている間に起こる、すべてのこと」**という意味があります。

また、「無我《むが》」とは、**「自分自身が存在しない」**ということです。

「諸法」、つまり人が生きている間に起こるすべてのこと、たとえば、希望大学に合格したとか、仕事で成功した、夢を叶《かな》えられた、幸せな結婚ができた…といったことを、「自分の力で成し遂げた」と考えている人がいます。

しかし、実際には、そうではないのです。そこに「自分の力」は存在しないのです。実際には、家族や、友人や、仕事の関係者や、その他身の周りにいる人たちの支えと応援があったからこそ、成し遂げることができたことなのです。

そういう考えを表しているのが「無我」という言葉なのです。

「自分の力」ではなく、すべては「周り人たちの力」のおかげなのです。

したがって、周りの人たちに感謝しながら生きていくことが大切です。

この感謝の気持ちを忘れなければ、もし自分が大きな失敗をして強い後悔の念に苦しんでいる時があったとしても、そんな自分を周りの人たちは温かい手で助けてくれるでしょう。

しかし、普段「自分の力で成し遂げた」と自信過剰になって生きている人は、だんだんと周りの人たちから見放されていきます。辛い状況に追い込まれて後悔したり、悩んでいるような時、そのような「自信過剰の人」を助けてくれるような人は、周りに誰もいなくなっている場合もあるのです。

そういう意味では、**普段から謙虚に周りの人に感謝して生きていく**ことが大切です。

「尊敬、謙遜、満足、感謝、多聞」が幸せをつくる

◆味方になってくれる人が多いほど、幸せに生きていける

初期仏典の一つである『スッタニパータ』には、次のような言葉があります。

「尊敬、謙遜、満足、感謝、多聞。これこそ、この上ない幸せである」というものです。

この言葉にある「尊敬」とは、**「身の周りにいる人たちに対して、尊敬の気持ちを持ちながら生きていく」**ということです。

「謙遜《けんそん》」とは、**「他人に対して偉そうな態度を取ったり、命令口調で強引に誰かを自分の意のままに動かそうとするのではなく、控《ひか》えめな態度でつき合っていく」**という意味です。

「満足」とは、周りにいる人たちが、たとえ自分の思い通りにしてくれなかったとし

て、それで人を非難するようなことをしてはいけない、ということです。どうであれ、**人が自分と一緒にいてくれていることに満足していく**ことが大切だ、ということです。

「感謝」とは、人の悪いところを非難したり、文句を言ったりするのではなく、**あらゆる人に感謝の気持ちを持って生きていく**ことが重要だ、ということです。

「多聞《たもん》」というのは、こちらから一方的にベラベラしゃべりまくるのではなく、**人の話を自分が話すより多く、よく聞く**、ということです。いわゆる「聞き上手」になる、ということです。

この「尊敬、謙遜、満足、感謝、多聞」ということを心がけていくことで、周りの人たちと円満な、良い関係を築いていけます。

周りの人たちが、みな、自分の味方になってくれるからです。

大きな間違いをして後悔の念に苦しんでいる時に、周りの人たちが集まってきてくれて、「私たちがいるから、だいじょうぶ」と優しく慰《なぐさ》めてくれるのです。

それは、その本人にとって、「この上ない幸せである」と思います。

「良き相談相手」「良き支援者」を、たくさん持っておく

◆相談相手がいる人は、後悔を吹っ切るのが早い

「後悔しない生き方」を実現するための方法の一つに、

「良きメンターを持つ」

ということが挙げられます。

「メンター」とは、「良き相談相手」「良き支援者」ということです。

誰でも、失敗や間違いをして、後悔することがあると思います。

そして、その後悔をいつまでも引きずってしまうことがあるでしょう。

そのような時、身近に「良き相談相手」がいると、心が楽になるのです。

自分の身に寄り添って、親身になって話を聞いてくれる相手がいると、それだけで心が楽になって、後悔の念を吹っ切ることができるのです。

また、実際に力を貸してくれて、何かしら援助をしてくれたり、自分と一緒に行動してくれる人がいれば、なおさら心強いでしょう。

クヨクヨと後悔している気持ちも吹き飛んでしまいます。

その結果、勇気を持って、前向きに、未来へ向かって歩き出していけるのです。

そういう意味では、**普段から家族や仕事の関係者や友人など、身近な人たちとの人間関係を大切にしていく**ことが大切です。

円満な人間関係を持っておくことが、「自分のメンターを増やす」ということにつながるからです。

そして、身の周りにメンターがたくさんいる人ほど、何か後悔するようなことがあっても、気持ちを吹っ切って早く立ち直ることができるのです。

一方、そのようなメンター、相談相手や支援者がいない人は、いったん落ち込んだり後悔したりすることがある時、そのネガティブな感情をなかなか吹っ切ることができないこともあるのです。

第8章
やるべきことに全力を尽くす

全力を尽くして生きれば、何があろうと後悔することはない

◆全力を出し切れば、失敗も笑い話になる

何事であれ、「全力を尽くす」ということが大切です。

確かに、全力を尽くしたとしても、うまくいかない場合もあります。

全力を尽くしたとしても、あえなく失敗してしまうこともあるでしょう。

しかし、もしそうだとしても、そこには後悔は残らないと思います。

「やれるだけのことはやった。ベストは尽くした」という満足感が残るからです。

問題なのは、「力の出し惜しみ」をしてしまうことです。

力の出し惜しみをするから、うまくいかなくなった時に、「あの時、全力を出しておけばよかった」と後悔することになるのです。

アメリカの思想家であり、また作家だった人物に、エマーソン（19世紀）がいます。

彼は、「**全力を尽くす。確かに失敗もやったし、バカなこともしでかした。そんなことはできるだけ早く忘れる。明日は新しい日だ**（意訳）」と述べました。

とにかく**今日という日を、全力を尽くして生き切る**、ということが大切です。

もちろん人間ですから、そそっかしい「失敗」をしたり、「バカなこと」をしでかすこともあるでしょう。

しかし、「今日という日を全力を尽くして生き切った」という満足感があれば、「明日は、また新しい日だ」と気持ちを切り替えて、新鮮な気持ちで明日を迎えることができるのです。

そして、明日という日もまた、全力で生き切ることができます。

後悔の念を明日にまで引きずってしまうことはないのです。

全力を尽くしたという満足感があれば、「昨日の失敗やバカなこと」は、笑い話になってしまうでしょう。

幸福な人は、明日を楽しみにして眠りにつくことができる

◆全力を尽くせば、「心地よい疲労感」だけが残る

スイスの政治家、法学者であり、また文筆家としても活躍した人物にカール・ヒルティ（19〜20世紀）がいます。

彼は、**「寝床《ねどこ》につく時に、翌朝起きることを楽しみにしている人は幸福である」**と述べました。

逆の言い方をすれば、夜、寝床についた時に、

「仕事で、やり残したことが一杯ある」

「人気者のコンサートチケットを注文し忘れた」

「今日は、彼女とケンカしてしまった」

などと後悔することを思い浮かべているようでは、とても「翌朝起きることを楽し

みにする」ことなどできないと思います。

きっと、グッスリと眠ることもできないと思います。

そのために、明日の朝は、心身共にグッタリした状態で目覚めることになるに違いありません。

そのように「後悔を引きずったまま寝床につき、グッタリした状態で目覚める」ということを連日繰り返しているような人は、決して「幸福な人」とは言えないのではないでしょうか。

そういう意味で言えば、「幸福な人」になりたいと思うのであれば、何はともあれ**「全力を尽くして生きる」**ということが大切です。

全力を尽くしてやるべきことをやってこそ、その心地よい疲労感があれば、多少の失敗や挫折など忘れて、明日を楽しみに寝床につくことができるのです。

よく眠れて、翌日は清々《すがすが》しい朝を迎えることができるでしょう。

それでこそ、「幸福な人生」を送れます。

後悔などという感情とは無縁の人生になるでしょう。

全力で物事に取り組んでいくことが、「最善の枕《まくら》」になる

◆「後悔しない生き方」を実践している人は、夜熟睡できる

『旧約聖書』の言葉に、**「働き者の眠りは、心地良い」**というものがあります。

この言葉にある「働き者」とは、言い換えれば、「何事にも一生懸命になって全力を尽くす人」ということでしょう。

もちろん、仕事にも全力を尽くします。

どのような仕事であれ、一生懸命にやるのです。

たとえ、他の人があまりやりたがらないような仕事であっても、誠意を持ってやりこなしていきます。

一方で、仕事ばかりではなく、人間関係についても一生懸命です。

人のために尽くし、精一杯人に喜びを与えようとします。

その他、プライベートの時間を楽しむことにも、一生懸命です。
趣味やスポーツや友人との語らいも積極的に楽しんでいきます。
そのように何事にも全力を尽くす人は、「心地よい眠り」を得られます。
寝る前に、「ああすればよかった。こうすればよかった」という後悔の念に悩まされることはないのです。

心地よい疲労感と共にグッスリと眠れるのです。

18世紀のアメリカの政治家で、アメリカの独立宣言の文章を書いた人間の一人でもあるベンジャミン・フランクリンは、**「心地よい疲労は、最善の枕《まくら》である」**と述べました。

この言葉にある「最善の枕である」とは、「グッスリと眠れる」ということの比喩《ひゆ》的な表現です。

やはりフランクリンも、**「やるべきことに全力を尽くせば、その満足感と心地よい疲労感が良い睡眠をもたらす」**ということを述べているのです。

そして、それが「後悔しない生き方」につながるのです。

一つ一つのことに全力を尽くせば、おのずと成功に導かれる

◆全力を尽くしていれば、小さな失敗に後悔することはない

やるべきこと一つ一つに全力を尽くしていくと、その過程で、つまらない失敗をしたり、誰かに叱られたり、壁にぶつかってしまうこともあるかもしれません。

しかし、そこで自分の行動や判断を後悔しなくてもいいのです。

そんな失敗を気にしなくてもいいのです。

なぜなら、一つ一つに全力を尽くしていけば、長い目で見れば必ず「成功」にたどり着くからです。

それを信じて、小さなことなど気にせずに、前に進んでいくことが大切です。

アメリカの実業家で、百貨店経営の分野で大成功をおさめた人物に、ジョン・ワナメーカー（19～20世紀）がいます。

市場の動向や、客のニーズを調査して、それに基づいて経営戦略を立てていくというマーケティングの手法を最初に取り入れた経営者としても有名です。

このワナメーカーは、**「成功の秘訣《ひけつ》を問うてはいけない。やらなければならない小さなことを一つ一つこなしていくことに、全力を尽くすことが大切だ**（意訳）**」**と述べました。

ワナメーカーは、「成功に秘訣などというものはない」と言っているのです。

ただ、小さなこと、目の前のことを一つ一つ全力でやり遂げていくことが大切だ、と指摘しているのです。

言い換えれば、その、**やるべきことの一つ一つを全力でこなしていけば、自然と成功にまで導かれていく**のです。

したがって、やっている最中に、急いだり、焦ったり、小さな失敗で後悔したりする必要はありません。

着実に一歩一歩前へ進んでいけば、必ずどこかで成功という目的地までたどり着けるのです。

集中し全力を尽くすことで、「心の防御壁《ぼうぎょへき》」を作り上げる

◆どんなに小さなことであっても、集中して全力を尽くす

禅の言葉に、**「喫茶喫飯《きっさきっぱん》」**というものがあります。

この言葉にある「喫《きつ》」には、「飲む・食う・口に入れる」といった意味があります。つまり、「喫茶《きっさ》」とは、「お茶を飲む」ということです。「喫飯《きっぱん》」とは、「ご飯を食べる」という意味です。

したがって、「喫茶喫飯」という言葉は、単に「お茶を飲む。ご飯を食べる」ということを言っているのですが、これは禅語ですからもちろんもっと奥深い意味がありま す。

すなわち、**「お茶を飲む時にはお茶を飲むことだけに集中し、お茶を飲むことに全力を尽くす。ご飯を食べる時はご飯を食べることだけに集中し、ご飯を食べることに全**

力を尽くすことが重要だ」ということを示しているのです。

この禅語は、そのようにして、座禅や、その他の禅の修行ばかりではなく、「お茶を飲む」「ご飯を食べる」ということであっても、その一つ一つに集中し全力を尽くしていくことが大切だ、という禅の教えの一つを示しているのです。

日常生活の中で行われる、どんなに小さなことであっても、集中して全力を尽くしていく、ということを心がけていくことが大切なのです。

そのようなことを心がけていくことで、何事にも「動じない心」が身に備わっていく、と禅は考えるのです。

その「動じない心」とは、後悔や、怒りや、落ち込みといったネガティブな感情に振り回されることのない、落ち着いた心ということです。

この禅の考え方は、一般の人たちが「後悔しない生き方」を考える上で参考になると思います。

「今やっていることに集中し、全力を尽くす」ということは、心の中に後悔という感情が入り込まないように、心に防御壁を作る、ということです。

「簡単なこと」であっても甘く見ず、全力を尽くす

◆「簡単なこと」で失敗すると、後悔が大きい

「獅子《しし》は兎《うさぎ》を狩《か》るのにも全力を尽くす」ということわざがあります。

「獅子」とは、百獣《ひゃくじゅう》の王である「ライオン」のことです。

「狩る」とは、ライオンが「食べ物を得るために狩りを行い、獲物《えもの》を捕獲《ほかく》する」ということです。

ウサギはライオンよりもずっと力が弱く、そんなライオンがウサギを捕獲することはとても簡単なことです。

しかし、このことわざは、「ライオンというものは、そんな簡単なことであっても決して手を抜かず、全力を尽くす」と指摘しているのです。

そういう意味からこのことわざは、そんなライオンと同様に人間も、

「たとえ簡単なことであっても決して手を抜かず、全力を尽くすことが大切だ」と指摘しているのです。

人は、よく「簡単にできること」に対しては、手を抜いてしまいます。

仕事にしても、家事にしても、「簡単にできること」については、「こんなこと大したことない。真剣にやらなくてもだいじょうぶだ」と甘く見て、ついつい手抜きをしてしまうことがあるのです。

しかし、その結果、大きな失敗をしてしまうこともあります。

そして、「甘く見過ぎた。手抜きをしなければよかった」と後悔することも少なからずあるのです。

そんな、つまらない後悔をしないで済むためにも、簡単なことであっても甘く考えずに、全力を尽くすことが重要です。

特に、経験や知識があるベテランほど、「簡単なことを甘く見る」という傾向があるようです。

そういう意味では、ベテランほど「獅子は兎を狩るのにも全力を尽くす」ということわざを心がけることが大切なのかもしれません。

やるべきことを全力でやってこそ、美味しい食事ができる

◆後悔の念があると、食事も美味しくなくなる

禅の言葉に、「**一日作《な》さざれば、一日食《く》らわず**」というものがあります。

この禅語には次のようなエピソードがあります。

昔の中国の話ですが、ある禅の師匠は、畑を耕《たがや》すことを日課にしていました。しかし、その師匠は高齢だったので、弟子たちは「無理をして体調を崩されたら困る」と心配していました。

そこで、弟子たちは、ある日、師匠が畑を耕す農具を隠してしまったのです。

その日、いつものように師匠が畑を耕すために外出すると、農具が見当たりません。仕方なく師匠は自室へ戻っていきました。

時間が過ぎ、食事の時間になりました。寺の全員が集まって来ました。師匠もやっ

て来ましたが、師匠はいっこうに箸《はし》を手にしようとはしませんでした。弟子たちが、「お師匠様、どうして食べないのですか」と尋ねました。そこで、師匠が答えた言葉が、「一日作《な》さざれば、一日食らわず」というものだったのです。

これは、**「私は今日、食事をするに値《あたい》するべきことをやっていないのだから、食事をすることはできない」**という意味です。

この禅語は、たとえ年老いようが、やるべきことに全力を尽くして生きていくことが、充実した生き方につながっていく、という意味を表しています。

しかし、言い換えれば、次のようにも理解できると思います。

「やるべきことをやらない」ということは、その人に大きな後悔の感情をもたらしてしまいます。「食事をしたくない」という思いを起こさせるほどの大きな後悔の念をもたらします。一方で、やるべきことを全力でやってこそ、その充実感から美味しい食事ができます。

結局、年齢にかかわらず、若い人であっても高齢の人であっても、**「やるべきことに全力を尽くして生きる」**ということが、後悔のない、充実した生き方になる、ということです。

人と人との出会いを、後悔しないものにする

◆「一期一会」の精神を持って、人と出会う

禅の言葉に、**「一期一会《いちごいちえ》」**というものがあります。

この禅語の「一期《いちご》」には、「一生」という意味があります。

「一会《いちえ》」は、「一度の出会い」ということです。

したがって、「一期一会」とは、**「一生に、ただ一度の出会い」**という意味です。

この禅語は、よく茶席の場で用いられます。

主人が客を茶席に招《まね》く時は、「この出会いは、一生に一度きりの出会いになる。したがって、この出会いを大切にしていかなければならない」という気持ちを持つことが大切なのです。

茶席では、それだけ全力を尽くして、人をもてなしてあげなければならないのです。

いいかげんな気持ちで人を招いたら、後になって、「あの人に、もっとこんなことをしてあげればよかった。そうすれば、あの人ももっと喜んでもらえたのに」と、後悔の念を残すことになるのです。

この「一期一会」という言葉が持つ精神は、もちろん、一般の生活の中でも参考になることが多いと思います。

たとえば、ビジネスの世界で、大切な取引先を接待する、ということがあると思います。

あるいは、好きな人を食事に誘う、といったことがあると思います。

そのような時も、「一期一会」の精神を持つことが大切です。

つまり、**「これが一生で一度の出会いになる」という意識を持って、「だからこそ、相手に喜んでもらえるよう全力で尽くそう」と考える**のです。

そして、**その思いを実践する**のです。

そうすれば、後になってから、「もっと、こうすればよかった」と後悔することはないと思います。

「愛情があふれた顔」「愛情のある言葉」で、商売は繁盛する

◆後悔することを「改善点」として生かしていく

販売店やレストランなど、接客を仕事にしている人たちは、「あのお客さんにもっと親切にしておけばよかった。もっと他に喜んでもらえるサービスの仕方があったんじゃないか」という後悔に苦しんでしまうことも多いと思います。

このようなケースでは、後悔することは必ずしも悪いことではないと思います。

「もっと親切にしておけばよかった」と後悔することで、次のお客さんには一生懸命になって親切にしてあげることができるでしょう。

また、「もっと他に喜んでもらえるサービスの仕方があったんじゃないか」と後悔することで、自分なりにお客さんへのサービスの仕方を色々と工夫していくこともできると思います。

このように後悔することを通して、さらに自分が成長していくことができれば、それは「前向きな後悔」と言えるかもしれません。

化粧品販売の仕事で成功した、ある男性経営者の話を紹介しようと思います。

彼は、接客に当たっては、次の二つのことを心がけていたと言います。

「愛情があふれた顔でお客さんに接することに全力を尽くす」

「愛情のある言葉でお客さんに接することに全力を尽くす」

という二点です。

この「愛情があふれた顔」「愛情のある言葉」で全力を尽くしてお客さんに接していくだけでも、多くのお客さんに喜んでもらえます。

そして、その結果、たくさんのお客さんに支えられて、会社も大きくなっていったと言うのです。

後悔することを「より良くするための改善点」に結びつけ、そして、「愛情があふれた顔」「愛情のある言葉」を心がけていけば、どのような商売であれ繁盛《はんじょう》すると思います。

成功者は「個性を育てる」ということに全力を尽くす

◆自分の個性を探し出して、それを全力で育てる

アメリカに、自動車王と呼ばれたヘンリー・フォード（19〜20世紀）がいました。

当時まだ自動車は一部の金持ちだけの所有物だったのですが、彼は大衆向けの自動車生産業で大成功をおさめました。

彼はもともと発明王として有名なエジソンが経営する会社で技術者として働き、自動車の開発を行っていました。その後独立し、自分で創業した会社で自動車の大量生産を始めて大成功したのです。

このヘンリー・フォードは、**「若者は、自分を人と違ったものにする個性の種を一つでも探し出して、全力を尽くして育て上げることだ。**（略）**それは自分の価値を主張するための、ただ一つの権利だからである」**と述べました。

現代は、「個性」が求められる時代です。

個性的な経験や知識を持ち、また個性的なアイディアを出して、個性的な行動をしていくことができる能力です。

現在は、いい学校を卒業した優秀な人であっても、このような「個性」がないと、なかなか頭角《とうかく》を現すことができないのです。

そういう意味で、自分の個性をどう生かしていけるかが、成功できるかどうかの大きなポイントになっているのです。

そういう意味で、ヘンリー・フォードは、「自分の個性を探し出して、全力を尽くして育て上げる」ということが何よりも重要だ、と指摘しているのです。

ヘンリー・フォード自身が、実際に自分の個性を生かし、今まで誰もしなかった「自動車の大量生産」ということを実現して成功したのです。

つまり、**「個性を育てることに全力を尽くす」**ということが、「後悔しない生き方」のコツになる、ということです。

そして、そのことが人生を成功に導くことになります。

苦しい状況でも全力を尽くせば、それは「楽しい思い出」に変わる

◆後悔することで時間を浪費してはいけない

あるシャンソン歌手には、次のような経験があります。

デビュー当時は人気があり、順風満帆《じゅんぷうまんぱん》な生活だったのです。

その後、彼は、フランスで歌われたシャンソンを、そのままの形で日本で歌っていることに物足りなさを感じるようになりました。

日本人としての個性を生かしたシャンソンを歌いたいと思うようになりました。

そのために、自分で作詞作曲をして歌を歌うようになったのです。

そのとたん、まったく人気がなくなってしまいました。

その後は、精神的にも、経済的にも苦しい状況になったと言います。

しかし、彼は、そんな苦しい状況になっても、自分の判断を後悔することはありま

せんでした。

また、デビュー当時のようにフランスのシャンソンを歌って楽にお金を稼ぐのではなく、あくまでも自分の歌の世界を作りあげていくことに全力を尽くしました。

その結果、ようやく一般の人たちから彼の個性的な歌の世界を理解してもらえるようになって、人気も復活しました。

彼は、「今思い返してみると、苦しい状況の中でも自分の歌の世界を作り出すことに全力投球していたその時期が『楽しい思い出』のように思えてくる」と言います。

この歌手が言うように、**苦しい状況になっても、その中で全力を尽くして生きていれば、やがてその苦しかった時のことは「楽しい思い出」に変わっていく**のです。

苦しい状況の中で、後悔に明け暮れるばかりで時間を浪費していると、人生はいい方法へは進んでいかないのです。

したがって、**どのような状況でも「全力を尽くす」**ということが大切です。

第9章
人は何度でも、人生をやり直せる

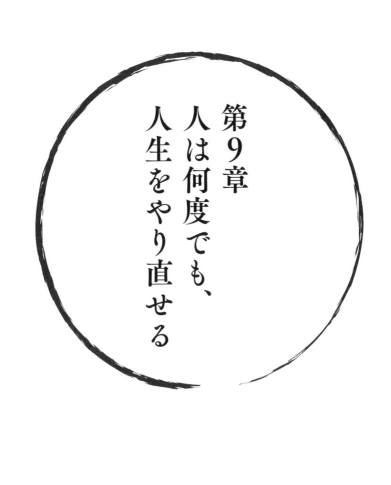

「しておけばよかった」ではなく、「これから始めよう」と考える

◆何かを始めるのに、「もう遅い」ということはない

「若い頃に、もっと勉強をしておけばよかった」と後悔している人がいます。

定年退職が近くなったある男性も、「若い頃に、もっと勉強を……」と後悔している人の一人です。

定年退職後、また別の会社で再就職するつもりなのですが、「考えてみれば自分は、これといった仕事の技能を持っていない」ことに気づいたのです。

経理などに関する資格を持っているわけでもありません。

外国語ができるわけでもありません。

自分の「売り」と言えば、長年担当してきた営業の交渉力くらいで、その他、再就職先へ提出する履歴書や職務経歴書に書けるようなものはなにもないのです。

そんな状況から、彼は、「若い頃に、もっと勉強をしておけばよかった」と後悔しているのです。

しかし、「もっと勉強をしておけばよかった」と思うのであれば、今からでも遅くはないので、**自分の仕事の能力をアップするために何か勉強を始める**ほうがいいと思います。

過去のことを後悔してばかりいるよりも、今、自分にできることをして、ちょっとでも自分を成長させ、すばらしい未来を切り開いていくことを考えるほうが、ずっと生産的な生き方になります。

よりすばらしい人生に向かって何かを始める時に「もう遅い」ということはありません。

勉強であろうが何であろうが、やりたいと思うことを始めるのに「もう遅い」ということはないと思います。

年齢は関係ありません。**何歳であろうが、よりすばらしい人生に向かって努力していく意欲を持つ**ことが、「後悔しない生き方」につながります。

行き詰まったところから、新しい人生が始まっていく

◆行き詰まりは、新しい生き方をするチャンスである

より幸福な人生を実現するためにはどうすればいいか、ということを説く活動家として活躍した女性にアイリーン・キャディ（20〜21世紀）がいます。

彼女は、**「人が行き詰まったと感じた時、もう一歩も進めないと思った時、そして人生のすべての目標を見失ったと感じた時、それは実に素晴らしいチャンスだ。それはすべてをもう一度やりなおし、人生の新しいページをめくる素晴らしいチャンスなのだ」**と述べました。

たとえば、人によっては、仕事で行き詰まってしまうことがあるかもしれません。

また、大失恋をして、一歩も前へ進めないと感じることもあるかもしれません。

あるいは、年齢的にもう若くはないという理由から、人生の目標を見失ってしまう

ことがあるかもしれません。

そして、過去の自分の行動や判断を強く後悔してしまうこともあるかもしれません。

しかし、人生は、そこで「終わり」ではないのです。

むしろ、そこから「始める」のです。

人は、行き詰まったところから、目標を見失った時点から、新しい人生に向かって、もっとすばらしい人生に向かって「やり直す」ことができるのです。

ですから、後悔ばかりして、そこに立ち止まっているよりも、新しい人生を始めるチャンスが訪れたと思って、自分の新しい人生のページをめくって、新しい人生へと一歩踏み出すほうが賢明なのです。

人生は、たえず前へ向かって、より幸福な人生へ向かって歩き続けていないと、充実感、幸福感を得られないのです。

過去を振り返ったまま、そこで立ち止まっていてはいけないと思います。

行き詰まりを「新しい人生へのチャンスだ」と考えるようにすることも、「後悔のない生き方」のコツになります。

大きな夢を持ち続ければ、人生はやり直せる

◆夢の実現のために生き直すチャンスは必ずある

人生を途中からやり直して、偉大なことを成し遂げた人がいます。

江戸時代中期から後期にかけて生きた伊能忠敬《いのうただたか》（18〜19世紀）です。

日本で初めて、詳細な日本地図を作製した人物として有名です。

彼は現在の千葉県の九十九里浜のある村の名主の家に生まれました。その後、現在の佐原で酒造りを営む大きな名主だった伊能家に婿《むこ》養子として入りました。

忠敬は、子供の頃から算術（現在の数学）が好きで、当時の塾に通って熱心に勉強していました。

将来は、好きな算術に関係する仕事に就きたいという夢があったのかもしれません。

しかし、大きな名主の家に婿養子に入ったことから、その夢は叶《かな》わなくなりました。

婿養子として伊能家を継ぎ、酒造と名主という家業をしっかりと運営していかなければならない立場になったからです。

もちろん職業選択の自由がない江戸時代の話ですから、それはしょうがないことだったのですが、もしかしたら忠敬には、伊能家に婿養子に入ったことを後悔する気持ちがあったかもしれません。

しかし、忠敬は、後悔を引きずって落ち込んでばかりいる人間ではありませんでした。酒造と名主の仕事をしながら、算術の勉強をし続けたのです。

そして、五十歳をすぎてから、人生をやり直す決心をしました。

伊能家の当主を息子に譲って隠居してから江戸に出て、幕府の天文学者の門人になって天文学を学び始めたのです。そして、その後、測量の研究をし、幕府の命令で日本地図を作製するための測量の旅に出たのです。

この伊能忠敬の人生からわかるように、**後悔という感情に惑わされることなく、大きな夢を捨てずにいれば、何歳になっても人生をやり直すことは可能なのです。**

夢を捨てなければ、失敗から何度でも再起できる

◆失敗を重ねても、夢を追い続けることを後悔しない

ドイツの実業家であり、考古学者だった人物にハイリッヒ・シュリーマン（19世紀）がいます。

考古学者として、トロイアの遺跡を発見して、世界的に有名になりました。

ギリシャ神話では、トロイアという都市は、ギリシャの神の一人であるトロースによって作られ、また、アポロンやポセイドンによって城壁が建築された都市として描かれていました。

また、英雄アガメムノーンによってトロイアが滅ぼされた様子は、古代ギリシャの詩人であるホメロスによって描かれました。

しかし、当時、そのトロイアがどこにあるのかはわかっていなかったのです。トロ

イアという都市は実は存在しない、と言う専門家も多くいました。

シュリーマンは、子供の頃からギリシャ神話やホメロスの本を愛読し、考古学の勉強をして、トロイア遺跡を自分で発見したい、という夢にとりつかれました。

そして、成人してから実際に、ギリシャやトルコの地を発掘して回りました。

しかし、残念ながら、本格的な発掘を行うためには莫大《ばくだい》な資金が必要になります。けれどもシュリーマンは、それほど裕福ではありませんでした。

そこで発掘に必要になる資金を溜めるために、様々な事業に乗り出しますが、何度も失敗を繰り返しました。結婚した相手と離婚することにもなりました。失敗の度に、彼には、トロイア遺跡を発見したいという夢に取りつかれた自分を後悔する気持ちを少しは持ったかもしれません。しかし、彼は、あくまで夢を持ち続けました。

そして、アメリカへ渡って始めた事業で大成功し、巨万の富を得ました。その資金を使って、現在のトルコの北西部で、ついにトロイア遺跡を発見したのです。

夢を捨てなければ、失敗や挫折から何度でも再起して、人生をやり直すことができます。

そして、最終的に、夢を叶《かな》えることも可能なのです。

一つの分野で失敗しても、また別の分野で活躍できる

◆大きな挫折をしたら、別の分野へ方向転換してみる

プロ野球の世界で、フィジカルトレーナーとして活躍している男性がいます。

「フィジカルトレーナー」とは、現役選手が試合で活躍できるように、またケガなどをしないように、体調面のサポートをするトレーナーのことです。トレーニングの方法や、試合の後の体のケアーなどをアドバイスします。

その男性も、もともとはプロ野球の選手で、ピッチャーをしていました。子供の頃から「プロ野球選手になりたい」という夢を持って、その夢を実現してプロ野球の世界に入ったのです。

しかし、「活躍したい」という思いが募《つの》りすぎて、無理をして力を入れた投球を繰り返したのです。

その結果、回復不可能なまでに肩を痛めてしまったのです。

そして、結局は、現役選手を引退することになりました。

その時は、「どうして、あんな無理な投球をしてしまったのだろう」と、後悔ばかりしている日々だったと言います。

しかし、思い直しました。プロとしての選手生命は断たれてしまったのですが、裏方であるフィジカルトレーナーとして、やり直そうと考えたのです。

そして、フィジカルトレーナーの勉強をし、ある球団のフィジカルトレーナーとして活躍できるようになりました。

この事例からもわかるように、**大きな失敗をしたために活躍の場を奪われてしまっても、また別の分野で、夢を追いかけて、幸福な人生を求めて活躍していくこともできる**のです。

つまり、「別の分野での夢」が見つかれば、過去の失敗への後悔の気持ちなど消えてなくなっていきます。

むしろ、過去の失敗を、「いい経験だった。あの失敗のおかげで、今の自分がある」と言えるようになるのです。

深刻な失敗をしても、必ず起き上がることができる

◆自分の「起き上がる力」を信じる

カナダ出身の映画女優にメアリー・ピックフォード（19～20世紀）がいます。

幼い頃に、子役としてニューヨークのブロードウェイで活躍するようになり、その後、映画界へ転身して大成功しました。

女優業をするかたわら、自分で映画製作会社を設立してプロデューサーとしても活躍するようになります。

また、四十代で女優を引退してからは、化粧品会社の経営者としても成功しました。

このメアリー・ピックフォードは、**「もし間違いを犯しても、それが深刻なものであったとしても、いつも別のチャンスがある」**と述べました。

一件、華やかに見える彼女の経歴ですが、実際には、失敗や挫折や、後悔すること

も多かったのかもしれません。

しかし、彼女は、過去を後悔したままそこで立ち止まっていたのではなく、「別のチャンス」にかけて、人生をやり直していたのでしょう。

それが、ブロードウェイでの子役から映画界へ転身し、映画プロデューサーとなり、また、化粧品販売の実業家にもなった、という彼女の経歴に現れているようにも思います。

メアリー・ピックフォードは、また、**「失敗とは転ぶことではなく、転んだまま起き上がらないことだ」**とも述べました。

彼女自身、何度失敗しても、何度もそこから起き上がってきたと思います。

そんな彼女は、後悔を引きずったまま、いつまでも思い悩んでいる、というタイプではなかったのです。

人間は、「深刻な間違い」をすることがあっても、必ずそこから起き上がっていくことができます。

起き上がる力が自分にもあると信じることが大切です。

どのような人であっても「よみがえる力」を秘めている

◆自分の「よみがえる力」を信じて再起する

禅の言葉に、**「枯木《こぼく》、ふたたび花を生ず」**というものがあります。

この禅語にある「枯木」とは、「枯《か》れてしまった木」のことです。

花も葉もすべて落ちてしまって、枯れ果ててしまった木です。

このまま枯れてしまうように見える木であっても、ふたたび季節が巡ってくれば、ふたたび美しい花を咲かせる、とこの禅語は述べているのです。

もちろん、この禅語の表面的な意味の裏には、人間の生き方についての教えが隠されているのです。

まず、この禅語に「枯木」は、「失敗や挫折をして、後悔の念に打ちひしがれて、すっかり生きる意欲を失ってしまった人」の比喩《ひゆ》なのです。生きる意欲を失って、前向きに生きるエネルギーがすっかり「枯れ果てている」人です。

しかし、そのような人であっても、新しい夢を見つけ、つまり、新しい目標を持てば、新しい分野で活躍の場を見つけることができます。そうすれば、「ふたたび花を咲かせる」ということができるのです。

つまり、新しい目標を持てば、ふたたび生きがい、やりがいを持ち、情熱を持って生きていくことができるようになるのです。

後悔という感情を断ち切って、ふたたび成功するチャンスをつかみとることができるのです。

樹木や植物には、「よみがえる力」があります。

冬になって枯れ果ててしまったとしても、春になり夏になれば、ふたたび生命力あふれる緑で覆《おお》われ、美しい花を咲かせるのです。

この禅語は、人間にも、そのような**「よみがえる力」**がある、ということを語っているのです。

人に騙《だま》されても、めげずに元気にがんばっていく

◆めげずにがんばっていれば、必ずいいことが巡ってくる

日本の昔話に、**「花咲爺《はなさかじい》さん」**という話があります。

詳しいストーリーは長くなるので述べませんが、簡単に要約すると、欲が少ない正直者のお爺《じい》さんが、欲張り爺さんに色々と騙《だま》されて苦労しながらも、枯れた木に灰《はい》をまいて花を咲かせ、それを見ていたお殿様からたくさんの褒美《ほうび》をもらって幸せに暮らす、という物語です。

この話は、一つには、**欲が少なく、また正直に生きている人は、たくさんの幸運に恵まれて幸せになれる**、ということを示しています。

つまり、「欲張らずに、正直に生きていくことが大切だ」という教えです。

一方で、もう一つ、この話には隠された意味があります。

「花咲爺さん」の正直者の爺さんは、欲張り爺さんに騙されながらも、そこで「騙された」ということを後悔することもなく、なおも正直な気持ちを失わず、まじめに生きていきます。

その結果、最終的に、枯木に花を咲かせて殿様から褒美をもらうという幸運を得ることができたのです。

一般の人たちの中にも、誰かに騙されて損をする、という経験がある人もいると思います。

そして、そんな経験をすれば、「どうして騙されてしまったんだろう。なんて私はバカなんだろう」と、後悔の念に打ちひしがれることになると思います。

しかし、大切なのは、そこで後悔を振り払って、前向きな気持ちを持って再起する、ということなのです。そうやって、ふたたび正直にがんばっていけば、必ず、大きな幸運が巡ってくる、ということです。

つまり、**「騙されて後悔することがあっても、めげずに正直に生きていくことが大切だ」**という、もう一つの教えが「花咲爺さん」という話にはあると思います。

「斬頭《ざんとう》」によって、ふたたび精力的な生き方を始める

◆後悔などの感情を「斬《き》り落とす」のがいい

禅の言葉に、**「斬頭《ざんとう》、活《かつ》を求む」**というものがあります。

この禅語にある「斬頭」とは、多少物騒《ぶっそう》な話になりますが、「頭を斬《き》り落とす」ということです。

また、「活」には、「生きる」という意味があります。

しかも、「精力的に、情熱を持って生きる」ということです。

ある禅の師匠が、弟子に、

「頭を斬り落とされたら、どうなる?」と、尋ねました。

それに対して、弟子は、

「頭を斬り落とされたら、死ぬと思います」と、答えました。

すると、その禅の師匠は、

「いや、死ぬのではない。頭を斬り落とされた瞬間から、精力的な、情熱を持った生き方を求める人生が始まる」と述べました。

この禅の師匠が言った「頭を斬り落とされたら」とは、文字通り、頭を斬り落とされるということではないのです。

これは、いわば、「無の状態になる」という意味なのです。

後悔や、悩み、怒り、苛立《いら》ち、落ち込み、といったネガティブな感情は、頭の中から生じます。

つまり、「頭を斬り落とす」とは、後悔などのネガティブな感情を断ち切る、という意味なのです。

さらに言えば、**「いったん死んだつもりになって、ネガティブな感情を断ち切る。そうして『無』の状態になって、ふたたび新しい目標に向かって精力的に生き直す」**ということなのです。

後悔という感情を引きずって悩んでいる人には、参考になる禅語だと思います。

間違いからふたたび起き上がることに「生きがい」がある

◆「間違いをおかす」ことは、悪いことではない

ユダヤ系のオーストリア人で、主にアメリカで活躍した経済学者にピーター・ドラッカー（20～21世紀）がいます。

経営という意味の「マネジメント」を理論的に解き明かし、多くの本が翻訳されて日本でも紹介されました。

このドラッカーは長寿で、95歳まで生きました。

この亡くなる年齢になった95歳の時に、一つの詩を書きました。

長文なので省略しますが、その詩には、次のような一節があります。

「もう一度人生をやり直せるなら、
今度はもっと間違いをおかそう。（略）

「人生は完璧にはいかない、
だからこそ生きがいがある」

というものです。

人間ですから、ピーター・ドラッカーも、完璧ではありませんでした。

彼自身、たくさんの間違いをおかしてきたと思います。

そのために損をしたり、窮地におちいることもあったと思います。

多分、後悔の念に悩まされたこともあったのではないでしょうか。

しかし、ドラッカーは、その度に、新しい目標を掲《かか》げ直し、そこから起き上がり、またふたたび前向きに生き直したと思います。

そのように、**間違いをおかして後悔することがあっても、そこからふたたび元気に起き上がっていく**ということが、人間としての「生きがい」だと、彼はこの詩で指摘していると思います。

そういう意味で言えば、「間違いをおかす」「失敗する」「挫折する」といったことも悪いことではないのです。

そこから、また、新しい人生が開けるからです。

植西 聰（うえにし・あきら）
東京都出身。著述家。
学習院大学卒業後、資生堂に勤務。
独立後、人生論の研究に従事。
独自の『成心学』理論を確立し、人々を元気づける著述を開始。
一九九五年（平成七年）、「産業カウンセラー」（労働大臣認定資格）を取得。

〈主な著書〉
・折れない心をつくるたった1つの習慣（青春出版社）
・平常心のコツ（自由国民社）
・「いいこと」がいっぱい起こる！ブッダの言葉（三笠書房・王様文庫）
・ヘタな人生論よりイソップ物語（河出書房新社）
・運がよくなる100の法則（集英社・be文庫）

〈近著〉
・怒らないコツ（自由国民社）
・「笑いの力」で人生はうまくいく（ゴマブックス）
・年をかさねても「若い人」の95のコツ（興陽館）
・「孤独」に強くなる9つの習慣（ワニブックス）
・普通の女の子がキラキラオーラを放つとっておきの方法（清流出版）

後悔《こうかい》しないコツ

心がいつも前を向く95のことば

二〇一九年(平成三十一年)三月三十日　初版第一刷発行
二〇一九年(平成三十一年)四月九日　初版第二刷発行

著　者　植西 聰
発行者　伊藤 滋
発行所　株式会社自由国民社
東京都豊島区高田三—一〇—一一
〒一七一—〇〇三三 http://www.jiyu.co.jp/
振替〇〇一〇〇—六—一八九〇〇九
電話〇三—六二三三—〇七八一（代表）
造　本　JK
印刷所　新灯印刷株式会社
製本所　新風製本株式会社